Espaces, culture matérielle et identités en Sénégambie

T0326274

Espaces, culture matérielle et identités en Sénégambie

Sous la direction
de
Ibrahima Thiaw

CODESRIA

Conseil pour le développement de la recherche en sciences sociales en Afrique

DAKAR

©CODESRIA 2010
Conseil pour le développement de la recherche en sciences sociales en Afrique
Avenue Cheikh Anta Diop Angle Canal IV
BP 3304 Dakar, 18524, Sénégal
Site web : www.codesria.org

ISBN : 978-2-86978-482-6
Mise en page : Sériane Ajavon
Couverture : Ibrahima Fofana
Impression : Imprimerie Graphi plus, Dakar, Sénégal

Distribué en Afrique par le CODESRIA
Distribué ailleurs par African Books Collective
www.africanbookscollective.com

Le Conseil pour le développement de la recherche en sciences sociales en Afrique (CODESRIA) est une organisation indépendante dont le principal objectif est de faciliter la recherche, de promouvoir une forme de publication basée sur la recherche, et de créer des forums permettant aux chercheurs africains d'échanger des opinions et des informations. Le Conseil cherche à lutter contre la fragmentation de la recherche à travers la mise en place de réseaux de recherche thématiques qui transcendent les barrières linguistiques et régionales.

Le CODESRIA publie une revue trimestrielle, intitulée *Afrique et Développement*, qui est la plus ancienne revue de sciences sociales basée sur l'Afrique. Le Conseil publie également *Afrika Zamani*, qui est une revue d'histoire, de même que la *Revue Africaine de Sociologie* ; la *Revue Africaine des Relations Internationales (AJIA)*, et la *Revue de l'Enseignement Supérieur en Afrique*. Le CODESRIA co-publie également la revue *Identité, Culture et Politique : un Dialogue Afro-Asiatique*, ainsi que la *Revue Africaine des Médias*. Les résultats de recherche, ainsi que les autres activités de l'institution sont diffusés par l'intermédiaire des « Documents de travail », la « Série de Monographies », la « Série de Livres du CODESRIA », et le *Bulletin du CODESRIA*. Une sélection des publications du CODESRIA est aussi accessible en ligne au www.codesria.org.

Le CODESRIA exprime sa profonde gratitude à la Swedish International Development Corporation Agency (SIDA/SAREC), au Centre de Recherches pour le Développement International (CRDI), à la Ford Foundation, à la Fondation MacArthur, à la Carnegie Corporation, à l'Agence norvégienne de développement et de coopération (NORAD), à l'Agence Danoise pour le Développement International (DANIDA), au Ministère Français de la Coopération, au Programme des Nations-Unies pour le Développement (PNUD), au Ministère des Affaires Etrangères des Pays-Bas, à la Fondation Rockefeller, à FINIDA, à l'Agence canadienne de développement internationale (ACDI), à l'Open Society Initiative for West Africa (OSIWA), au TrustAfrica, à l'UNICEF, à la Fondation pour le renforcement des capacités en Afrique (ACBF) ainsi qu'au Gouvernement du Sénégal pour le soutien apporté aux programmes de recherche, de formation et de publication du Conseil.

Dédicaces

Ibnou Diagne
Brahim Diop

Sommaire

Notes sur les auteurs

Maurice Ndeye : Maître-assistant de recherche et Chef du Laboratoire de datation par le radiocarbone de l'Institut Fondamental d'Afrique Noire (IFAN) de l'Université Cheikh Anta Diop de Dakar. Physicien de formation, il a soutenu sa thèse de 3ème cycle dans le domaine de la physique atomique et nucléaire intitulée : « Contribution à la théorie de l'élargissement par pression des raies émises par les plasmas d'intérêt astrophysique » à l'Institut de Technologie Nucléaire Appliquée (ITNA) de l'Université Cheikh Anta Diop de Dakar (UCAD). Il a également acquis une formation en radioprotection à l'Université de Withwatersrand de Johannesburg en Afrique du Sud, puis dans le domaine des méthodes de datation des échantillons archéologiques par le radiocarbone (Carbone 14) aux Laboratoires des Sciences du Climat et de l'Environnement (LSCE, Laboratoire mixte CEA-CNRS) de Gif-sur-Yvette et le LOCEAN de l'Université Pierre et Marie Curie (Paris VI) en France.

Moustapha Sall : Assistant au Département d'Histoire de la Faculté des Lettres et Sciences Humaines de l'Université Cheikh Anta Diop de Dakar (Sénégal), il est titulaire d'un Doctorat en Philosophie et Lettres, option Histoire de l'Art et Archéologie à l'Université Libre de Bruxelles. Il a axé ses recherches sur le peuplement et les identités en relation avec la culture matérielle en Sénégambie. Depuis 1996 il mène des recherches ethnoarchéologiques et archéologiques dans le Centre-ouest et le sud du Sénégal (Casamance). M. Sall a participé à plusieurs conférences internationales et est auteur d'un livre et de nombreux articles sur les liens entre les traditions céramiques et les identités en Sénégambie.

Mandiomé Thiam : Maître-assistant au Département d'Histoire de la Faculté des Lettres et Sciences Humaines (FLSH) de l'Université Cheikh Anta Diop de Dakar (UCAD /Sénégal), il est titulaire d'une thèse de Doctorat Régime Unique présentée en 1991 devant l'Université Paris I Panthéon-Sorbonne. Ses publications portent essentiellement sur la céramique archéologique et ethnoarchéologique et sur les cultures néolithiques dans l'espace sénégambien et des régions adjacentes.

Ibrahima Thiaw : Maître-assistant de Recherche à l'Institut Fondamental d'Afrique Noire (IFAN) de l'Université Cheikh Anta Diop de Dakar, il dirige le Laboratoire d'Archéologie depuis 2002. Il est aussi le conservateur du Musée Théodore Monod d'Art Africain de l'IFAN Cheikh Anta Diop. Il est titulaire d'un PhD en Anthropologie, option Archéologie de Rice University (Houston, Texas, Etats-Unis), soutenu en 1999. Ses travaux ont surtout porté sur l'impact du commerce transsaharien et atlantique et les transformations et continuités dans les sociétés sénégambiennes sur la longue durée. Ses recherches tournent autour des questions de l'esclavage et de la traite des esclaves, des contacts globaux et des interactions culturelles, des questions identitaires dans les politiques du passé, de l'archéologie préventive, de la gestion des ressources culturelles, de la production artisanale, du commerce et de l'analyse de la culture matérielle. Initialement, il a travaillé dans la vallée de la Falémé dans le Haut Sénégal et dans la Moyenne Vallée du Fleuve Sénégal. Depuis 2001, il mène des recherches archéologiques et historiques sur l'île de Gorée et le long du littoral atlantique sénégambien.

Avant-propos

L'idée de faire cet ouvrage est née, il y a un an, lors d'une rencontre au Département d'Histoire de l'Université Cheikh Anta Diop de Dakar. Au cours de cette réunion, nous avons discuté de la nécessité de redynamiser l'Association des archéologues du Sénégal (AAS), portée sur les fonts baptismaux par nos aînés, mais qui sombra dans une profonde léthargie.

Le manque de dynamisme de cette association et l'absence d'un espace de dialogue et de débats entre les archéologues sénégalais ont eu pour conséquence la ghettoïsation de notre discipline dans les programmes d'enseignement et de recherche au moment où l'urbanisation galopante, les grands travaux du pouvoir de l'Alternance* et les programmes de développement mettent notre patrimoine en péril (Thiaw 2007).

La marginalisation de l'archéologie sénégalaise découle de l'absence ou plutôt d'une irrégularité de collaboration entre ceux qui enseignent l'archéologie au Département d'Histoire de l'Université Cheikh Anta Diop, qui ont peu de temps pour s'adonner à la recherche et le Laboratoire de préhistoire et de protohistoire de l'Institut Fondamental d'Afrique Noire (IFAN) Cheikh Anta Diop dont la vocation première est la recherche et non l'enseignement. L'archéologie sénégalaise a beaucoup souffert de ces relations quelque peu distendues entre la recherche et l'enseignement.

Il fallait donc mettre sur pied une structure capable de répondre à nos besoins, en favorisant un enseignement et une recherche de qualité et en créant cet espace de débats nécessaire à la sauvegarde et à la vulgarisation de la recherche archéologique. En marge de l'idée de remettre sur pied l'Association des archéologues du Sénégal, nous avons créé un Groupe national de travail (GNT). Au départ, nous étions six chercheurs et enseignants engagés dans une telle entreprise : Brahim Diop, Ndèye Sokhna Guèye, Maurice Ndeye, Moustapha Sall, Madiomé Thiam et moi-même. A la fin de l'aventure, nous n'étions plus que quatre.

A partir du moment où le CODESRIA a accepté de financer notre programme de recherche, Mme Ndèye Sokhna Guèye, salariée de cette institution, devait se retirer du projet. Notre équipe va également perdre en route Brahim Diop, brutalement arraché à notre affection. Sa disparition soudaine, douloureuse et inattendue affecte profondément la dynamique de notre groupe et, partant, le produit final que

---

* Changement de régime au Sénégal suite aux élections de février 2000 qui marquent l'arrivée d'un régime libéral et la fin de la domination du Parti Socialiste qui gouvernait le Sénégal depuis l'indépendance en 1960.

constitue cet ouvrage. Nous tenons, à travers ces lignes, à saluer la mémoire de ce collègue et ami, qui s'est dépensé sans compter dans le cadre de notre Groupe national de travail. Celui-ci nous a servi de cadre d'échanges sur des thèmes propres à l'archéologie sénégalaise et nous a permis de postuler au programme du CODESRIA, qui encourage de telles initiatives.

Puisque nous travaillons dans des espaces et sur des sujets parfois différents, nous avions pensé qu'il était pertinent de trouver un thème fédérateur, qui impliquerait tous les membres de notre GNT. Compte tenu de la marginalisation continue de l'archéologie dans notre système éducatif, il nous fallait aussi trouver un thème assez ouvert pour établir des jalons avec d'autres disciplines des sciences sociales. Nous estimions par exemple qu'il était temps de rompre avec les dichotomies histoire/préhistoire, qui structuraient nos rapports.

Certes l'archéologie a l'avantage de la longue durée, mais elle a le potentiel nécessaire pour explorer les contextes historiques récents et ethnographiques puisque sa principale source d'information, la culture matérielle, le lui permet. Notre thème de réflexion « *Espaces, culture matérielle et identités en Sénégambie* » nous place donc au cœur des préoccupations de la recherche historique et anthropologique au Sénégal et ouvre de nouvelles perspectives de discussions et de collaboration entre plusieurs disciplines des sciences sociales.

Initialement, notre ambition était de couvrir une bonne partie de l'espace sénégambien. Avec deux collègues de moins, cet objectif était devenu intenable. Presque toute la moitié nord de la Sénégambie n'est pas couverte. Cela est lié à la disparition de notre collègue Brahim Diop, qui s'était donné pour tâche d'examiner la position sociale ou le statut des différents groupes à travers l'analyse de la culture matérielle et l'occupation de l'espace dans la partie nord de la Sénégambie, avec un accent particulier sur la région du Baol.

Nous remercions le CODESRIA d'avoir financé ce Groupe National de Travail. Notre gratitude va également aux collègues qui nous ont soutenus dans la réalisation de cet ouvrage. Madame Ndèye Sokhna Guèye (IFAN) et Monsieur Ibrahima Sarr (CESTI), en particulier, ont relu certains des textes, et Madame Anna Marie Diagne nous a beaucoup aidé dans la mise en forme du document final. Nous remercions également les évaluateurs anonymes qui ont sensiblement contribué à améliorer ce document. Cependant ce texte est loin d'être parfait et les auteurs et eux seuls assument l'entière responsabilité des limites et imperfections inhérentes à cette œuvre.

Ibrahima Thiaw

1

Histoires, espaces et identités sénégambiennes

Ibrahima Thiaw

Du point de vue des identités, la Sénégambie est une mosaïque d'espaces et de populations dont les histoires sont façonnées aux termes de conflits, négociations et compromis au cours des âges. En dépit des efforts des pouvoirs colonial et postcolonial avec leurs cartographies et leurs multiples technologies de contrôle visant à faire coïncider identité et territoire (au singulier, la précision nous semble de rigueur !), cette région est culturellement un ensemble pluriel, un kaléidoscope de nations ethniques correspondant à des identités plus ou moins distinctes. Face à cette diversité, l'Abbé Boilat (1984), un prêtre franco-sénégalais du XIXe siècle, s'étonne que des populations vivant dans un même environnement, ayant accès aux mêmes types de ressources et soumis aux mêmes aléas et maladies puissent exhiber autant de différences physiques, linguistiques et d'organisations sociopolitiques (Thiaw 2003 b:222).

Le modèle islamo-wolof et son projet de wolofisation comme facteur d'homogénéisation de la société sénégalaise moderne est généralement considéré comme un signe devant conduire à la disparition des identités non wolof (Diop et Diouf 1990 ; Diouf 1998 ; Cruise O'Brien 2002). Cette lecture privilégie la langue et la religion sur les autres critères de définition ethnique ou identitaire, qui peuvent relever de « habitus » (Bourdieu 1972) qui laissent des traces matérielles ou sont intangibles, mais qui n'en demeurent pas moins des formes d'expression identitaire aussi valables que la langue. Ces « habitus » sont des comportements, gestes et actions de routine qui relèvent des pratiques de la vie quotidienne et qui se matérialisent ou pas dans l'espace, mais qui ont un profond ancrage dans le patrimoine identitaire d'une communauté donnée. Tout comme la langue, les « habitus » sont sujets au changement, mais peuvent aussi perdurer sur la longue durée et apparaissent comme des modes de contestation et de négociation identitaires, surtout dans le cadre d'une société étatique (Alonso 1994).

Tout comme la langue, la culture matérielle et les formes intangibles de l'identité sont aussi de puissants vecteurs de transmission, d'affirmation et du maintien de l'identité. Les recherches ethnoarchéologiques dans l'espace sénégambien mettent en évidence la persistance de signatures ethnoculturelles spécifiques (Gelbert 2000 ; Guèye 1998 ; Sall 2001 ; Thiam 1991). Il y a certes des éléments de convergence et d'interaction, mais les signes de l'hégémonie wolof sont moins apparents. Ce sont d'autres éléments, relevant plutôt de la modernité globale comme le plastique ou d'autres objets importés, qui constituent la menace la plus visible de ces expressions identitaires matérielles.

Aussi, à la question « à quel groupe ethnique appartenez-vous ? », nombre de locuteurs « wolofisés » répondent : « mon père, ma mère, mon grand-père ou ma grand-mère était sereer, sosse, joola, manding, pël, tukulör, etc. ». Il me semble qu'il ne s'agit pas là d'une revendication de l'identité ethnique wolof ou de celle des parents, grands-parents ou arrière grands-parents. Ainsi l'adoption d'une nouvelle langue ou d'une nouvelle religion peut être le produit d'un changement identitaire plus superficiel qu'il ne paraît et il est fallacieux de penser que la nouvelle identité qui en émergera sera équivalente à celle du groupe hégémonique ou dominant.

Ce livre vise à réexaminer la production historique, ethnographique et anthropologique dans divers espaces de la Sénégambie à la lueur des sources archéologiques et de la culture matérielle. Les recherches en archéologie historique (McIntosh S.K. et Thiaw 2001 ; Richard 2007 ; Thiaw 2003a, 2003b, 2003c, 1999, 1998) en ethnoarchéologie (Gelbert 2000 ; Guèye 1998 ; Sall 2001 ; Thiam 1991) et dans les sciences sociales en général ont démontré la dimension matérielle de la vie sociale, ouvrant ainsi des possibilités de connexion entre la culture matérielle et les questions de mémoire et d'identité (Appadurai 1986 ; Trouillot 1995).

En Sénégambie, l'archéologie a jusqu'ici joué un rôle très négligeable dans ce domaine. La rigidité des frontières disciplinaires fait qu'elle est cantonnée à l'étude de périodes dites « préhistorique » ou « protohistorique » qui, en dehors des cercles académiques, ne sont généralement pas connues par les populations locales et les griots ou autres communicateurs traditionnels. L'archéologie avait alors pour mission de documenter les périodes que ne pouvaient éclairer la tradition orale et les sources écrites (Thiaw 2003c).

Dans cet ouvrage, nous procédons à une évaluation des acquis et des limites de la production archéologique, historique, anthropologique et ethnographique en Sénégambie. Il utilise les données archéologiques et matérielles qu'il confronte aux sources classiques de l'histoire pour produire une ou des histoires alternatives et illuminer davantage les trajectoires historiques sur la gestion et l'occupation de l'espace, les différentes constructions et revendications identitaires.

Les cartographies des identités et des ethnies en Sénégambie semblent suggérer des espaces de peuplement historiquement homogènes (Boilat 1984 ; Diouf 1998). La répartition de la population à l'époque historique a été utilisée comme modèle pour comprendre la distribution ethnique des périodes plus anciennes, notamment à l'âge du fer. Ainsi, le Fuuta est généralement considéré comme l'épicentre de la culture halpulaar ; le nord-ouest de la Sénégambie, le pays wolof ; le Siin Salum, le pays sereer ; la région au sud de la République de Gambie, le pays joola ; la région est, celle des minorités soninké et bambara, basari, bedik, etc.

Cette cartographie schématique cache, dans bien des aspects, la complexité et la dynamique historique du peuplement (Diouf 1998). Quoique les données linguistiques semblent supporter une telle subdivision, elles en définissent difficilement les contours, les processus, le degré d'interaction des différents groupes à l'échelle locale, le rôle et l'amplitude du contact avec les groupes étrangers à l'échelle régionale, interrégionale et internationale.

Notre objectif est de « problématiser » les notions de frontières ethniques ou culturelles et des influences externes. Ainsi, on cherche à savoir si l'homogénéité ethnique supposée des régions culturelles et ethniques ainsi que les revendications et constructions identitaires qui lui sont associées ont des signatures particulières sur les cultures matérielles et l'organisation de l'espace.

En Sénégambie, comme partout ailleurs dans le monde, l'histoire est intensément négociée dans le présent (Cohen et Odhiambo 1989). A ce titre, la production historique est aussi intrinsèquement liée aux rapports de force (Foucault 1979). Il en est de même pour les constructions et revendications identitaires, qui sont fondamentalement imaginées (Anderson 1998).

Située aux lisières méridionales du Sahara et aux portes de l'Atlantique, la Sénégambie a attiré le regard des marchands et chroniqueurs arabes dès le début du deuxième millénaire AD, puis des explorateurs européens à partir du XVe siècle. Elle dispose ainsi d'un riche corpus historiographique pour la reconstruction des trajectoires historiques des différentes expériences culturelles qui s'y sont exprimées.

Ces avantages apparents cachent cependant un certain nombre de pièges qui se reflètent dans les réécritures de l'histoire à l'époque postcoloniale. L'impact et les conséquences de l'incorporation de cette région dans l'économie mondiale des systèmes transsaharien et atlantique par exemple restent particulièrement controversés, en raison – en partie – du caractère stéréotypé, partial et partiel de la bibliothèque historique dont la production coïncide avec le début de la marginalisation de l'Afrique dans l'histoire universelle.

Généralement, les anthropologues et les historiens supposent qu'on peut connaître l'Afrique « traditionnelle » en épluchant les changements causés par l'imposition du gouvernement colonial (Thiaw 1999). On suppose ainsi que la période des changements globaux à partir du dernier millénaire est à la portée exclusive des historiens et des anthropologues. Mais l'écriture, qui est leur principale source d'information, tout comme l'oralité d'ailleurs, reflète et privilégie les ambitions de ceux qui les maîtrisent. Ainsi, notre histoire officielle est celle des privilégiés, les rois et leur entourage, les Etats et les hommes d'Etat. Du coup, on tombe dans les pièges et les stéréotypes de la « bibliothèque coloniale » (Stahl 2001).

On estime que l'archéologie peut favoriser une connaissance plus inclusive, car la production, la consommation, le rejet et le recyclage de la culture matérielle qui en est la source essentielle concernent toutes les couches d'une société, quelle qu'elle soit. Cet ouvrage est donc conçu dans une perspective de démocratisation du savoir en ce sens qu'il prend en compte la vie sociale et les identités des individus ordinaires, généralement invisibles dans les sources écrites ou orales.

Les traces matérielles de la vie quotidienne sont à la portée unique des archéologues. Ces sources, parce qu'elles sont matérielles et locales, n'offrent pas seulement une perspective résolument locale sur les processus globaux, mais également et fondamentalement permettent de mettre à nu les silences en histoire (Stahl 2001). Elles ont aussi un potentiel unique pour remonter le temps et comparer les changements des périodes précoloniale, coloniale et postcoloniale. Cette perspective de la longue durée est importante en ce sens qu'elle permet de mettre en relief les différentes strates de l'évolution de la vie sociale, économique et politique et d'en déterminer les acteurs, les causes et les conséquences.

Même si nous dévoilons les insuffisances des sources documentaires et orales, nous sommes également conscients des limites de notre discipline. Les sources archéologiques et matérielles, malgré leur caractère empirique, sont parfois muettes et sujettes à de multiples interprétations. Notre méthodologie va donc consister à confronter les sources écrites, orales, archéologiques et matérielles, en tenant compte de leurs potentialités et des faiblesses qui leur sont inhérentes. Est-ce que ce qui est dit ou écrit est conforme à la réalité matérielle sur le terrain ? Notre approche sera à la fois celle de la confrontation et de la complémentarité des sources pour aboutir à ce que Stahl (2001) appelle une « tension productive ».

Quoique centrée sur les sources archéologiques et matérielles, notre approche est pluridisciplinaire et constitue un document de base sur la culture matérielle en rapport avec l'histoire sociale et la question des identités des populations des zones couvertes. Cette démarche vise surtout à renouveler notre connaissance de la dynamique humaine et des rapports culturels en Sénégambie et permet de porter un regard critique sur la « bibliothèque coloniale » et postcoloniale, notre histoire officielle, les revendications identitaires actuelles et les frontières entre les différents groupes des espaces étudiés.

Vestiges archéologiques et identités sénégambiennes

La périodisation du passé de l'Afrique et de la Sénégambie en paléolithique, néolithique, protohistoire ou âge du fer, histoire, a fait l'objet de beaucoup de débats sur lesquels il nous semble inutile de rabâcher. Nous précisons simplement que l'utilisation de ces termes dans le cadre de nos recherches est purement conventionnelle. Durant la période coloniale, c'était surtout la préhistoire (le paléolithique et le néolithique) qui était le centre d'intérêt de la recherche archéologique en Sénégambie, avant d'être, aujourd'hui, reléguée au second plan. Le manque d'intérêt croissant pour la préhistoire est peut-être lié à l'absence de traditions et revendications des sites appartenant à cette période.

De l'indépendance, en 1960, jusqu'aux années 1990, c'est l'âge du fer qui fait l'objet de plus d'attention. Il couvre la période allant du début du premier millénaire de notre ère jusqu'au XVe siècle. L'âge du fer constitue une phase charnière dans la formation des élites, la stratification sociale, le développement d'un commerce à longue distance, l'expansion de l'islam, etc.

Dans une perspective de longue durée, on pourrait concevoir plusieurs types d'espaces contribuant à structurer les sociétés africaines : espaces d'échanges, étatiques, linguistiques, culturels et religieux (Chrétien et Prunier 2003 ; Amselle et M'Bokolo 1999). Aussi les innovations, qu'elles soient le produit de facteurs et de forces internes et/ou externes liés au contact avec des groupes étrangers, ont-elles affecté à des degrés variables ces différents espaces. L'expression la plus manifeste de ces différences dans la culture matérielle est perceptible dans ce qu'il est convenu aujourd'hui d'appeler les quatre provinces protohistoriques de la Sénégambie, qui coïncideraient avec l'âge d'or du Sénégal (Musée de Solutré 1993). Ces principales provinces culturelles sont : les sites de la Vallée du Fleuve Sénégal, les tumuli de sables, les amas coquilliers et les mégalithes.

La notion de « famille céramique » introduite surtout par Thilmans et reprise par les autres a également une connotation ethnique et culturelle. Aussi, Thilmans et Ravisé (1980) distinguent-ils les familles céramiques de Sincu Bara, de Cuballel, et toucouleur subactuelle, pour les sites de la Vallée du Fleuve Sénégal. Thilmans et Descamps suggèrent également l'existence de plusieurs familles céramiques pour les amas coquilliers, notamment celles de Palmarin et Dioron Boumak (Descamps 1989 ; Descamps et Thilmans 2001 ; Thilmans 1997 ; Thilmans et Descamps 1982). Cependant, les travaux les plus récents ont montré que la différenciation de la culturelle matérielle sur laquelle s'appuyait cette distinction était de nature chronologique dans la Vallée du Fleuve (McIntosh et al. 1992, McIntosh et Bocoum 2002, 2000), et il est fort probable que cela est aussi le cas pour les amas coquilliers (Thiaw 2007).

La subdivision de l'âge du fer de la Sénégambie en provinces ou aires culturelles est plus que problématique. Elle répartit les vestiges sur une base matérielle et identitaire. A l'exception de la Vallée du Fleuve, les espaces culturels définis le sont sur la base de monuments et de rituels funéraires (tumuli, amas coquilliers et mégalithes) et donnent l'aspect de royaumes où les populations n'ont vécu que dans leurs tombes.

Cependant, la reprise des prospections dans ces différents secteurs a cependant permis de localiser des sites d'habitat et de déterminer les relations hiérarchiques et chronologiques entre sites, leurs organisations structurelle et fonctionnelle, et leur distribution par rapport aux ressources (Dème 2003, 1991 ; McIntosh et Bocoum 2002, McIntosh and McIntosh 1993 ; McIntosh et al. 1992 ; Richard 2007 ; Thiaw 1999). Le développement de programmes de fouilles qui tiennent compte de la variabilité spatiale et temporelle des vestiges devrait ainsi éclairer la dynamique culturelle et historique de ces sites.

Considéré comme la période de formation des différentes identités ethniques et des entités politiques précoloniales, l'âge du fer occupe une place de choix dans les reconstructions historiques académiques de l'espace sénégambien (Bocoum, 2000, 1986 ; Chavane 1985 ; Thilmans et Ravisé 1980 ; Thilmans et al. 1980). Dans le contexte des luttes pour l'indépendance et l'affirmation d'une identité nationale, cette période est un puissant repère identitaire pour la nouvelle élite intellectuelle locale consciente des manipulations et des tentatives de gommage de leur passé par le pouvoir colonial. Celui-ci leur niait toute historicité et toute créativité culturelle, allant jusqu'à s'approprier certains monuments perçus comme émanant de la diffusion à partir d'autres foyers de civilisations prédéterminées (Jouenne 1930). C'est dans cette perspective qu'il faut comprendre toute l'œuvre intellectuelle de Cheikh Anta Diop (1979) cherchant à contrecarrer cette approche coloniale. Pour Cheikh Anta Diop, l'appropriation du passé africain par les Africains était la seule voie de salut pour mettre fin à l'arrogance du pouvoir colonial.

Cependant, à partir du milieu des années 1990, la recherche archéologique a tendance à s'orienter de plus en plus vers l'ethnoarchéologie et les périodes historiques récentes (Gelbert 2000 ; Guèye 1998, 2002, 2003a et b, 2006 ; Richard 2007 ; Sall 2001, 2005 ; Thiam 1991, Thiaw, 2003c, 1999). Cette tendance est très nette dans les travaux présentés dans cet ouvrage, qui reflètent assez parfaitement l'état de la recherche archéologique au Sénégal.

Après la séquence nationaliste des trois premières décennies de l'indépendance, le nouvel intérêt pour l'ethnoarchéologie et les périodes historiques récentes est un changement paradigmatique qui cherche à répondre à la demande d'histoire des populations locales plutôt qu'à un imaginaire nationaliste inspiré par le modèle impérial européen. En effet, les sites historiques récents sont l'objet de revendications et de contestations intenses en rapport avec les identités. En revanche, à l'exception des sites de la Vallée du Fleuve Sénégal attribués aux Sereer par les traditions (Martin et Becker 1974, 1984 ; Chavane 1985), ces dernières gardent un souvenir très vague sur les auteurs de la plupart des vestiges de l'âge du fer. Comme les sites paléolithiques et néolithiques, ceux de l'âge du fer sont rarement revendiqués (Thiaw 2003b).

Cela est-il le produit du manque d'épaisseur de la tradition orale ou le résultat d'un long processus de mise en silence et de gommage d'une histoire mouvementée ? Cette question nous semble pertinente, car certains sites de l'âge du fer datent de la première moitié du deuxième millénaire de notre ère – peut-être même plus tardivement –, etc. sont donc à portée de la tradition orale.

Le manque d'intérêt des populations pour les sites anciens (âge du fer et préhistoire) pourrait aussi être le résultat des efforts du régime colonial, qui a cherché à s'approprier les éléments qu'il valorisait et à présenter comme primitifs les autres, pour montrer l'absence d'historicité des sociétés africaines. Cette politique est poursuivie par le régime postcolonial, qui favorise encore aujourd'hui les vestiges du passé colonial. Les bâtiments et édifices coloniaux figurent en bonne place sur la liste des sites du patrimoine national classé du Sénégal. Cependant, l'Etat postcolonial s'est efforcé d'ajouter à cette liste les sites des « héros nationaux » ayant résisté à la colonisation, promouvant ainsi les colons et les figures locales de la résistance (Thiaw 2003c ; Thioub 2002).

Les identités des populations sénégambiennes ne sont pas restées figées depuis l'âge du fer, mais sont plutôt en changement constant au gré des facteurs historiques, politiques et socioéconomiques. Ainsi l'expansion de l'islam à partir du XIe siècle aura pour corollaire une reconfiguration des identités, surtout dans la moitié nord de la Sénégambie et peut-être dans les provinces orientales. Il faut y ajouter les mouvements de populations consécutifs à la dégradation progressive des conditions climatiques (Dème 1991). L'expansion territoriale du Mandé à partir du XIIIe siècle et celle du Jolof, plus tard, vont profondément affecter la composition ethnique et les structures sociales de plusieurs groupes dans l'espace sénégambien. L'apparition de nouvelles identités comme la dynastie Guelwaar, qui va régner au Siin à partir du XIVe siècle par exemple, contribue à redessiner la cartographie ethnique de cette région (Gravrand 1983, 1990).

En même temps, on note une propagation de groupes socioprofessionnels endogamiques communément appelés « castes » dans la littérature, qui apparaissent comme des catégories identitaires supra-ethniques (Conrad et Frank 1995 ; Tamari 1991). Certains de ces groupes, par le monopole qu'ils exercent sur certaines activités comme le travail de la poterie ou la métallurgie du fer, peuvent avoir une grande visibilité dans les dépôts archéologiques.

La division sexuelle du travail est aussi un élément déterminant puisque certaines spécialisations sont l'apanage exclusif de femmes et d'autres des hommes. Ainsi, dans les sociétés hiérarchisées, par exemple, le travail de la poterie est soit entre les mains des femmes des griots, soit entre celles des forgerons ou des tisserands. Tel ne semble pas être le cas dans les sociétés décentralisées et segmentaires où cette activité reste l'apanage de femmes, sans que celles-ci soient nécessairement considérées comme des « gens de caste ».

Les vestiges de l'âge du fer, généralement non revendiqués par les populations avoisinantes, sont pour la plupart attribués par les traditions à un ou trois groupes ethniques. Aussi les sites de la Vallée du Fleuve Sénégal, les tumuli de sable et les amas coquilliers du littoral nord Atlantique sont-ils généralement rattachés au Sereer ou au Sosse. Les amas coquilliers de la Basse Casamance sont attribués aux Joola (De Sapir 1971, 1969). Enfin les mégalithes sont associés soit aux Sereer, soit aux Sosse (Martin et Becker 1984, 1977, 1974).

Au cours des dernières décennies, l'attribution ethnique de ces sites s'est efforcée de trouver la confirmation dans les travaux archéologiques (Chavane 1985). Les données archéologues disponibles dans la Moyenne Vallée du Fleuve Sénégal laissent apparaître une société assez conservatrice du point de vue de la culture matérielle au cours du premier millénaire de notre ère. Ce n'est que vers la fin de cette période qu'on note des innovations importantes dans les assemblages, notamment l'apparition des bords à parements, la cannelure, mais aussi l'incorporation dans les circuits caravaniers du commerce transsaharien et l'adoption de nouvelles technologies comme le tissage (Thilmans et Ravise 1980 ; McIntosh *et al.* 1992 ; McIntosh et Bocoum 2002, 2000).

Ces changements datés de la fin du premier et du début du deuxième millénaire affectent une grande partie de la région nord de la Sénégambie, notamment la zone des tumuli. Les recherches archéologiques dans la Falemme, dans la région orientale du Sénégal, montrent également des processus similaires (Thiaw 1999). Les travaux récents dans le Siin ont également documenté la présence des bords à parements ou à collier à la même période (Richard 2007).

Ces transformations coïncident avec l'apogée de la formation politique du Takrour qui avait étendu son influence sur une bonne partie du nord de la Sénégambie. Elles ne traduisent donc pas nécessairement une migration de populations, mais plutôt la circulation de la culture matérielle dans un espace multinational et multiethnique. La mobilité des personnes, le commerce et les modes de transmission des savoirs techniques, notamment céramiques, dans le cadre de sociétés exogamiques pourraient expliquer la large diffusion des cultures matérielles de cette période.

La distribution de la culture matérielle postérieure au XVe siècle aussi laisse apparaître de grands changements. Les assemblages subactuels attribués à cette période montrent une relative homogénéité des formes et des décors céramiques dans la moitié nord de la Sénégambie et dans la région de la Falemme (Guèye 1998 ; McIntosh et McIntosh 1993 ; Thiaw 1999 ; Thilmans et Ravisé 1980). Ils s'accompagnent généralement de produits de traite, notamment des perles en verre, mais aussi de pipes à tabac, pour la plupart de manufacture locale.

Ces changements intervenus au cours de la fin du premier et du deuxième millénaire ont surtout été documentés par des études sur la culture matérielle céramique. Cependant, toutes les opérations techniques de la chaîne opératoire céramique n'ont pas la même stabilité, et leur variabilité dépend en partie de leur visibilité, de leur flexibilité ou en rapport avec le contexte social. Gosselin (2000:191) montre de manière convaincante que les techniques qui laissent des traces visibles sur le produit fini, notamment la décoration, la sélection, l'extraction et la cuisson, sont caractérisées par une certaine visibilité et une malléabilité technique dans le temps et dans l'espace. Ces étapes peuvent être influencées par des acteurs multiples et, par conséquent, ne reflètent que des facettes superficielles, situationnelles et temporaires de l'identité.

En revanche, la technique de façonnage initiale à proprement parler ne laisse pas de traces visibles sur le produit fini, et dépend de gestes spécialisés ou *habitus* acquis au cours de l'apprentissage et qui peuvent être assez stables pendant une longue période dans un espace donné. Selon Gosselin (2000:193), c'est à cette échelle d'analyse qu'on a le plus de chance de retrouver les aspects les plus marquants de l'identité, particulièrement la parenté, le langage, le genre, et la classe.

En Sénégambie, la plupart des études céramiques mettent l'accent sur les décors et les formes qui ont généralement une grande distribution dans l'espace, qui ne semble pas coïncider avec des catégories identitaires spécifiques. Les travaux en ethnoarchéologie sur la production céramique de Guèye (1998), Sall (2005, 2001), et Thiam (1991) comblent ce vide et autorisent des corrélations possibles entre identités et culture matérielle, particulièrement chez les Halpulaar de la Vallée du Fleuve, les Sereer du Siin-Salum, le pays Fogny en Casamance, les Bassari, et les Bedik du Sénégal oriental.

L'acceptation parfois assez naïve des traditions orales dans l'interprétation des vestiges archéologiques devrait tenir compte des considérations idéologiques et des rapports de force passés et présents qui lient les populations se côtoyant dans ces régions (Fall 1982). On note aussi dans la littérature historique une confiance presque absolue par rapport aux données archéologiques qui sont prises pour des preuves irréfutables.

Certes, l'archéologie peut apporter sa contribution dans ce débat, mais force est de reconnaître que si ce n'est pas dans un contexte ethnographique ou ethnoarchéologique, l'attribution d'une culture matérielle à une identité spécifique est un véritable casse-tête en archéologie et requiert une méthodologie rigoureuse, souvent absente dans la plupart des travaux axés sur cette entreprise dans l'espace sénégambien.

Les cinq derniers siècles sont marqués par le développement de l'économie atlantique, la traite des esclaves et une grande mobilité des biens matériels et des personnes, qui s'accompagnent d'un brouillage des identités acquises durant l'âge du fer, et une recomposition des frontières et des catégories identitaires. L'expansion du système capitaliste est suivie, à partir de la deuxième moitié du XIXe siècle, par l'imposition de nouvelles logiques de distinctions identitaires par le gouvernement impérial européen.

Face à cette nouvelle dynamique, les différentes populations sénégambiennes ont élaboré des stratégies et des réponses sur la base de leurs expériences historiques respectives. La compréhension de l'impact de ces processus sur les populations locales passe donc nécessairement par la prise en compte des spécificités à l'échelle locale où s'élaborent les réponses des différents groupes et catégories identitaires.

Cette période a été largement investie par les historiens en raison de l'existence de documents écrits et de traditions orales encore vivaces (Barry 1988, 1985 ; Bathily 1989 ; Boulègue 1987 ; Clark 1999 ; Curtin 1975 ; Diouf Mamadou 1990 ; Fall 1983 ; Gomez 1992 ; Klein 1968 ; Manchuelle 1997 ; Robinson 1985 ; Searing 1993). Une analyse rigoureuse des sources basées sur le langage (documents écrits et tradition orale) a permis à ces auteurs de présenter un tableau cohérent des transformations dans les sociétés sénégambiennes au cours des cinq derniers siècles.

Cependant, ils mettent surtout l'accent sur les Européens, les aristocraties locales, les marabouts et les commerçants considérés comme les « faiseurs d'histoire par excellence » parce que contrôlant la sélection, l'archivage, la production et la transmission des informations historiques. Ainsi, dans la plupart des cas, les individus ordinaires, marginalisés, mais du reste bien impliqués dans les processus en cours ont une faible visibilité dans ces constructions historiques.

L'archéologie historique, quoique à ses débuts, nous renseigne sur les divers acteurs à travers l'étude des sites et des cultures matérielles (Richard 2007 ; Thiaw 1999, 2003c). Elle peut donc contribuer aux débats liés à l'incorporation des sociétés sénégambiennes dans les courants d'échanges du système capitaliste et leur impact sur la vie quotidienne. Elle est même dans une position privilégiée pour évaluer l'importance, la nature et le rôle des produits de traite dans les économies locales en raison du caractère fragmentaire des sources écrites à ce sujet.

L'archéologie peut aussi nous éclairer sur la crise des formations politiques de l'époque, l'insécurité, l'esclavage, les mouvements de population, et les différentes réponses des populations locales. Ces processus laissent des traces matérielles dont les signatures particulières sont perceptibles dans les modes d'occupation et de gestion de l'espace, mais également dans la distribution et la composition de la culture matérielle.

Cet ouvrage comporte cinq chapitres dont le deuxième est consacré à l'île de Gorée. Ce site est l'un des premiers lieux de contact des Africains et des Européens, mais aussi l'un des plus controversés du littoral sénégambien et ouest-africain. Les expériences historiques des populations qui s'y sont chevauchées sont aujourd'hui l'objet de revendications et de contestations identitaires intenses. Ici, les sources basées sur le langage sur lesquelles se fondent les différentes narrations en conflit sont généralement contrôlées par les groupes dominants d'Africains libres, d'Afro-Européens et d'Européens. Elles marginalisent les groupes désavantagés, notamment les esclaves de case.

Dans le deuxième chapitre, consacré à Gorée, Ibrahima Thiaw explore les limites de ces sources qu'il croise et confronte avec les données archéologiques pour essayer de reconstruire les processus historiques à Gorée au cours des cinq derniers siècles. Il met ainsi en évidence un décalage entre les discours historiques, qui prétendent être des connaissances véritables en dehors des relations de pouvoir et la culture matérielle.

Les données archéologiques à elles seules permettent difficilement d'identifier de manière spécifique les différentes identités en place sur l'île, mais la confrontation avec les documents écrits fait ressortir des informations clés sur la vie quotidienne, les relations de pouvoir et le rôle non moins important des groupes marginalisés, comme les esclaves de case et les femmes dans les processus ayant contribué à faire de Gorée une île transnationale.

Au troisième chapitre, Moustapha Sall analyse la dynamique du peuplement dans l'espace Fogny situé au sud de la Sénégambie. A partir des données ethnoarchéologiques et archéologiques, il essaie de comprendre les fondements des revendications identitaires joola durant ces dernières décennies, et qui sont fortement teintées de violence.

Les traditions orales ainsi que les quelques sources documentaires existant suggèrent une plus grande ancienneté des populations baynouk dans cette région, qui a également été un foyer de contacts entre celles-ci et les groupes manding, joola, et au cours de l'histoire récente avec les commerçants luso-africains et portugais. Même si les données disponibles restent encore faibles, l'analyse de la culture matérielle et des comportements sociotechniques (identité des artisans, réseaux d'apprentissage, connexions entre les divers groupes, méthodes de fabrication de la poterie) concorde avec les informations fournies par les traditions orales et les sources historiques.

Dans le quatrième chapitre, Madiomé Thiam s'intéresse aux identités Bassari et Bedik du secteur de Kédougou, dans le Sénégal oriental. En raison de l'enclavement de cette région, les populations Bassari et Bedik sont quelque peu marginalisées dans l'espace sénégambien. Dans l'état actuel de la recherche, le degré d'implication de ces populations dans les changements intervenus au cours des deux derniers millénaires est difficile à évaluer. Cependant, il est possible que leur marginalisation actuelle soit en partie liée au recentrage de l'économie sénégambienne vers le littoral atlantique à partir de la deuxième moitié du XIXe siècle.

En analysant la poterie Bassari et Bedik, Madiomé Thiam fait ressortir une certaine originalité tant du point de vue de la morphologie des pièces que de leurs fonctions. Les assemblages de ces deux groupes se distinguent en dépit de leur proximité géographique. Ils diffèrent aussi avec ceux des autres groupes identitaires connus dans l'espace sénégambien. Ces différences sont perceptibles non seulement du point de vue de la chaîne opératoire, notamment le façonnage, le séchage, la décoration et la cuisson, mais également au niveau des attitudes, croyances et usages sociaux qui accompagnent la confection et la consommation des produits céramiques. L'auteur note un certain nombre de prohibitions et de prescriptions à certains stades de la chaîne opératoire.

L'étude ethnoarchéologique sur ces cultures matérielles particulières, les croyances et pratiques sociales qui les accompagnent sort ces identités de leur marginalité. Avec le recul de l'activité céramique, l'approche ethnoarchéologique poursuivie dans ledit secteur permettra de sauvegarder un pan important d'un patrimoine menacé de disparition. L'absence d'une séquence archéologique dans cette région ne permet pas de préciser la chronologie des signatures culturelles, voire ethniques, observées dans les productions céramiques actuelles, encore moins de préciser le degré d'interaction et d'emprunt avec les populations voisines ou lointaines. Cependant, un pas est franchi et permet d'envisager l'étude des processus ayant conduit à la production de ces cultures matérielles sur la longue durée.

Au cinquième chapitre, Maurice Ndeye s'interroge sur le rôle de la datation du carbone 14 pour déterminer l'apparition et la trajectoire historique des formations ethniques et culturelles dans l'espace sénégambien. L'auteur souligne le rôle crucial de cette méthode physico-chimique quant à la compréhension des processus et changements culturels. Dans une région où la principale source d'information sur le passé est la tradition orale et où les sources documentaires sont fragmentaires, cette méthode est appelée à jouer encore un rôle déterminant dans la datation et la compréhension des processus et faits historiques du passé lointain. L'application de la méthode semble légitimer dans bien des cas les conclusions des archéologues. Cependant, il importe de signaler que les relations entre une date carbone 14 et les vestiges matériels d'un événement culturel ou d'un processus comme l'ethnogenèse ne sont pas toujours évidentes.

Un regard critique des limites de cette approche permet ainsi de nuancer certaines conclusions. Une connaissance de ces limites et leur prise en compte devraient permettre une interprétation plus rigoureuse des dates carbone 14. Pour illustrer son argumentation, Maurice Ndeye a réexaminé certaines datations au carbone 14 de sites situés dans la Moyenne Vallée du Fleuve Sénégal et en Basse Casamance. Dans ces deux régions, l'auteur a relevé l'utilisation de dates non calibrées, des problèmes stratigraphiques, les limites des dates isolées qui ne donnent que des informations indicatives. Pour une meilleure lecture de la chronologie des processus culturels, l'emploi du carbone 14 exige un contrôle stratigraphique rigoureux, mais aussi des dates groupées par horizons culturels. Enfin, Maurice Ndeye insiste sur la nécessité de la calibrations car les âges bruts carbone 14 ne correspondent pas aux âges calendaires. Ainsi, une bonne datation s'accompagne toujours d'une maîtrise des informations contextuelles et de l'association entre les échantillons, les événements et les processus culturels qu'on cherche à dater.

Références bibliographiques

Alonso, A.M., 1994, 'The Politics of Space, Time and Substance: State Formation, Nationalism and Ethnicity', *Annual Review of Anthropology* 23, pp. 379-405.

Amselle, J.L., M'Bokolo, E., éds., 1999, *Au cœur de l'ethnie: ethnie, tribalisme et Etat en Afrique*, Paris, Editions La Découverte & Syros, 2ème édition.

Anderson, B., 1991, *Imagined Communities. Reflections on the Origin and Spread of Nationalism*, London, New York, Verso.

Appadurai, A., (ed.), 1986, *The Social Life of Things: Commodities in Cultural Perspective*, Cambridge, Cambridge University Press.

Barry, B., 1988, *La Sénégambie du XVe au XIXe siècle : traite négrière, Islam et conquête coloniale*, Paris, L'Harmattan.

Barry, B., 1985, *Le royaume du Waalo. Le Sénégal avant la conquête*, Paris, Karthala, 2e édition.

Bathily, A., 1989, *Les portes de l'or. Le royaume de Galam (Sénégal) de l'ère des musulmans au temps des négriers (VIIIe-XVIIIe siècles)*, Paris, L'Harmattan.

Bocoum, H., 2000, *L'Âge du fer au Sénégal : histoire et archéologie*, Nouakchott, IFAN-UCAD et CRIAA.

Bocoum, H., 1986, *La métallurgie du fer au Sénégal. Approches archéologique, technologique et historique*, Thèse de doctorat de 3e cycle, Université de Paris I, Sorbonne.

Boilat, Abbé D., 1984, *Esquisses sénégalaises*, Paris, Karthala.

Boulègue, J., 1987, *Les Anciens royaumes wolof (Sénégal): le Grand Jolof (XIIIe-XVIe siècles)*, Paris, Editions Façades.

Bourdieu, P., 1972, *Esquisse d'une théorie de la pratique : précédée de trois études d'ethnologie kabyle*, Genève, Editions Droz.

Chavane, B.A., 1985, *Villages de l'ancien Tekrour. Recherches archéologiques dans la Moyenne Vallée du Fleuve Sénégal*, Paris, Karthala.

Chrétien, J.P., and Prunier, G., éds., 2003, *Les ethnies ont une histoire*, Paris, Karthala, 2ème édition.

Clark, A.F., 1999, *From Frontier to Backwater: Economy and Society in the Upper Senegal Valley (West Africa), 1850-1920*, Lanham, Md, University Press of America,

Cohen, D.W, et Odhiambo, E.S.A., 1989, *Siaya: The Historical Anthropology of an African Landscape*, London, James Currey.

Conrad, C. and Frank, B., eds., 1995, *Status and Identity in West Africa*, Bloomington, Indiana University Press.

Cruise O'Brien, D., 2002, « Langue et nationalité au Sénégal : l'enjeu politique de la wolofisation », in Diop M.-C. et Diouf M. éds., *La construction de l'Etat au Sénégal*, Paris, Karthala, pp. 143-155.

Curtin, Ph. D., 1975, *Economic Change in Precolonial Africa. Senegambia in the Era of the Slave Trade*, Madison, The University of Wisconsin Press.

Deme, A., 2003, *Archaeological Investigations of Settlement and Long Term Complexity in the Middle Senegal Valley (Senegal)*, Ph D. Dissertation, Dept. of Anthropology, Rice University.

Déme, A., 1991, *Evolution climatique et processus de mise en place du peuplement dans l'Ile à Morphil*, Mémoire de maîtrise, Université Cheikh Anta Diop, Fac. Lettres et Sc. Hum., Département d'Histoire.

De Sapir, O.L., 1971, ´Shell Middens of Lower Casamance and problems of Joola Protohistory´, *West African journal of Archaeology*, 1, pp. 23-54.

De Sapir, O.L., 1969, ´Joola Pottery of the Fogny and the Kasa´, *Expedition* 11, pp. 2-11.

Descamps, C., 1989, « La collecte des arches (anadara senilis) dans le Bas Saloum (Sénégal) : une approche ethno-archéologique des amas coquilliers », Aix-en-Provence, *Trav. LAPMO*, pp. 131-149.

Descamps, C., et Thilmans, G., 2001, *Fouille de tumulus à Djouta (îles du Saloum, Sénégal)*, Liège, XIe Congrès UISPP, 3-8 septembre.

Diop, C.A., 1979, *Nations Nègres et Cultures*, Paris, Présence africaine.

Diop, M., et Diouf, M., 1990, *Le Sénégal sous Abdou Diouf : Etat et Société*, Paris, Karthala.

Diouf, Makhtar, 1998, *Sénégal : Les ethnies et la nation*, Dakar, Nouvelles Editions Africaines du Sénégal.

Diouf, M., 1990, *Le Kajoor au XIXe siècle : Pouvoir ceddo et conquête coloniale*, Paris, Karthala.

Fall, R., 1983, *Le Royaume du Baol du XVIè au XIXè siècle. Pouvoir wolof et rapports avec les populations sereer*, Thèse de doctorat de 3ᵉ cycle d'histoire, Université de Paris I.

Fall, Y.K., 1982, « Silla : Problématique d'un site de la vallée du fleuve », *Archives suisses d'Anthropologie générale, Genève*, 46, pp. 199-216.

Foucault, M., 1979, *Discipline and Punish: The Birth of Prison*, New York, Random House.

Gelbert, A., 2000, *Etude ethnoarchéologique des phénomènes d'emprunts céramiques. Enquêtes dans les Haute et Moyenne Vallées du Fleuve Sénégal (Sénégal)*, Thèse de doctorat, Nanterre-Université Paris X.

Gomez, M.A., 1992, *Pragmatism in the Age of Jihad. The Precolonial State of Bundu*, Cambridge, Cambridge University Press.

Gravrand, H., 1990, *La Civilisation Sereer. Pangool. Le Génie religieux sereer*, Dakar, Nouvelles Editions Africaines du Sénégal.

Gravrand, H., 1983, *La civilisation sereer. Cosaan : les origines*, Dakar, Nouvelles Editions Africaines.

Guèye, N.S., 2006, « La poterie dans la moyenne vallée du Sénégal aux XVIe-XXe siècles: ethnoarchéologie comparée et reconstitution historique », in *Senegalia, Etudes sur le patrimoine ouest-africain*, Hommage à Guy Thilmans, Paris, Editions SEPIA, pp. 75-89.

Guèye, N.S., 2003a, ´Female Handicraft and Globalization: Change and Resistance in Ceramic Production in the Senegal River Middle Valley, Sixteenth to Twentieth Century´, in *Globalization and Its Discontents, Revisited*, edited by Jomo K.S. and Khoo Khay Jin, Kuala Limpur, Malaysia, Tulika and SEPHIS, pp. 1-16.

Guèye, N.S., 2003b, « Poteries et modes de vie des populations de la Moyenne Vallée du Fleuve Sénégal : une vision ethno-archéologique », in *Constellation, Hommage à Alain Gallay*, textes réunis par Marie Besse, Laurence-Isaline Stahl Gretsch, Philippe Curdy, Lausanne: Laboratoire d'Anthropologie et d'Ecologie de Université de Génève, Cahiers d'archéologie romande, 95, pp. 393-405.

Guèye, N.S., 2002, « Ethnoarchéologie, ethnohistoire et interprétation de la distribution des poteries de la Moyenne Vallée du Fleuve Sénégal du XVe au XXe siècle », *Nyame Akuma*, juin, n°57, pp. 21-32.

Guèye, N.S., 1998, *Poteries et peuplements de la Moyenne Vallée du Fleuve Sénégal du XVIe au XIXe siècle : approches ethnoarchéologique et ethno-historique*, Thèse de doctorat, Université de Nanterre-Paris X, 2 vols.

Jouenne, Dr., 1930, « Les monuments mégalithiques du Sénégal, les roches gravées et leur interprétation culturelle », *Bulletin du Comité d'Etude Historique et Scientifique de L'A.O.F.*, Vol. 13, n° 3, pp. 309-399.

Klein, M., 1968, *Islam and Imperialism in Senegal: The Sine-Saloum, 1847-1914*, Stanford, Stanford University Press.

Manchuelle, F., 1997, *Willing Migrants. Soninke Labor Diasporas, 1848-1960*, Athens, Ohio University Press.

Martin, V., and Becker, C., 1984, *Inventaire des sites protohistoriques de Sénégambie*, Kaolack, ronéotypé.

Martin, V., and Becker, C., 1977, « Sites protohistoriques de la Sénégambie », pp. 48-51, *in* : Van Chi Bonardel, R. (ed.) *Atlas national du Sénégal*, Paris, IGN.

Martin, V., and Becker, C., 1974, *Répertoire des sites protohistoriques du Sénégal et de la Gambie*, Kaolack, ronéotypé.

McIntosh, S.K., et Bocoum, H., 2002, *Excavations at Sincu Bara, Middle Senegal Valley (Senegal)*, Nouakchott-Dakar, CRIAA-IFAN.

McIntosh, S.K., et Bocoum, H., 2000, 'New Perspectives on Sincu Bara, a First Millennium Site in the Senegal Valley', *African Archaeological Review*, 17, 1, pp. 1-43.

McIntosh, S.K., et Thiaw, I., 2001, 'Tools for Understanding Transformation and Continuity in Senegambian Society: 1500-1900', in Decorse C.R. (ed.), *West Africa During the Atlantic Slave Trade: Archaeological Perspectives*, New York, Leicester University Press, pp.14-37.

McIntosh, S.K., et al., 1992, 'The Middle Senegal Valley Project: Preliminary Results from the 1990-91 Field Season', *Nyame Akuma*, 38, pp. 47-61.

McIntosh, S.K., and McIntosh, R.J., 1993, 'Field Survey in the Tumulus Zone in Senegal', *The African Archaeological Review*, 11, pp. 73-107.

Musée de Solutré 1993 : L'Age d'Or du Sénégal, Musée départemental de Préhistoire de Solutré.

Richard, F.G., 2007, *From Cosaan to Colony: Exploring Archaeological Landscapes Formations and Socio-political Complexity in the Siin (Senegal), AD 500-1900*, Ph.D. Dissertation, Department of Anthropology, Syracuse University.

Robinson, D., 1985, *The Holy War of Umar Tal: The Western Sudan in the Mid-nineteen Century*, Oxford, Clarendon Press.

Sall, M., 2005, « Traditions céramiques, identités et peuplement en Sénégambie. Ethnographie comparée et essai de reconstitution historique », Cambridge Monographs, in African Archaeology 63, BAR International Series 1407.

Sall, M., 2001, *Traditions céramiques, identités et peuplement en Sénégambie. Ethnographie comparée et essai de reconstitution* historique, Thèse de doctorat, Université Libre de Bruxelles.

Searing, J.F., 1993, *West African Slavery and Atlantic Commerce. The Senegal River Valley, 1700-1860*, Cambridge, Cambridge University Press.

Stahl, A.B., 2001, *Making History in Banda. Anthropological Visions of Africa's Past*, Cambridge, Cambridge University Press.

Tamari, T., 1991, 'The Development of Caste System in West Africa', *JAH*, 32, pp. 221-250.

Thiam, M., 1991, *La céramique au Sénégal : archéologie et histoire*, Thèse de doctorat, Paris, Université de Paris I, Sorbonne.

Thiaw, I., 2007, « Développement touristique et mal gestion des ressources culturelles archéologiques dans le Delta du Saloum (Sénégal) », Communication au cours du colloque sur « Les perspectives de l'archéologie préventive en Afrique de l'Ouest », Nouakchott, IMRS-INRAP, 1-3 février 2007.

Thiaw, I., 2003a, 'The Gorée Archaeological Project (GAP): Material Things and the Use of Space in Plural Settings', *Sephis Newsletter*, 8, pp. 10-14.

Thiaw, I., 2003b, 'Archaeology and the Public in Senegal : Reflections on doing Fieldwork at Home', *Journal of African Archaeology*, Vol. 1 (2), pp. 27-35.

Thiaw, I., 2003c, 'The Gorée Archaeological Project (GAP): Preliminary results', *Nyame Akuma* 60, pp. 27-35.

Thiaw, I., 1998, 'The Built Environment and the Expansion of Social Dependence in Eighteenth-nineteenth Centuries Inland Senegambia (Upper Senegal River)', *Society of Historical Archaeology Newsletter*, 31 (4), p. 28.

Thiaw, I., 1999, *An Archeological Investigation of Long-term Culture Change in the Lower Falemme (upper Senegal region) AD 500-1900*, Ph.D. Dissertation, Department of Anthropology, Rice University.

Thilmans, G., 1997, « Sauvegarde de certains amas coquilliers du Saloum », *Saint-Louis Lille Liège*, n° 3, pp. 22-29.

Thilmans, G., et Descamps, C., 1982, « Amas et tumulus du delta du Saloum », in *Recherches Scientifiques dans les Parcs nationaux du Sénégal*, Dakar-IFAN, *Mémoires de l'IFAN*, n° 92, pp. 31-50.

Thilmans, G., and Ravisé, A., 1980, « Protohistoire du Sénégal. Recherches archéologiques, Tome 2, Sinthiou Bara et les sites du Fleuve », Dakar, *Mémoires de l'Institut Fondamental d'Afrique Noire*, n° 91.

Thioub, I., 2002, « L'école de Dakar et la production d'une écriture académique de l'histoire », *in* Diop M.C. éd., *Le Sénégal contemporain*, Paris, Karthala, pp. 109-153.

Trouillot, M.R., 1995, *Silencing the Past. Power and the production of history*, Boston, Beacon Press.

2

L'espace entre les mots et les choses : mémoire historique et culture matérielle à Gorée (Sénégal)

Ibrahima Thiaw

Introduction

L'importance historique de l'île de Gorée et le rôle de la Maison des esclaves dans la traite des Noirs a suscité récemment beaucoup de controverses. Gorée est un forum où la mémoire de l'expérience atlantique est intrinsèquement liée au développement du tourisme international, à l'inscription de l'île sur la liste du patrimoine mondial de l'UNESCO, à la production de discours historiques savants et de narrations populaires sur la traite des esclaves. Chacune de ces perspectives dispose de ses propres stratégies mercatiques, de sa propre littérature et de son public. Le débat est essentiellement axé sur la question de l'esclavage, mais les termes sont trop généraux, peints en noir et blanc et imbus de considérations politico-idéologiques (Curtin 1969 ; Roux 1996 ; Samb 1997).

Les identités multiples qui produisent, revendiquent ou contestent l'histoire de Gorée et de la Maison des esclaves le font à partir d'expériences et de souvenirs mémoriels filtrés par un jeu complexe de rapports de forces et de négociations au cours des cinq derniers siècles. Ainsi, les différentes positions, qui s'affrontent aujourd'hui, relèvent plus de préoccupations identitaires et de nouveaux rapports de force dans le présent que d'une expérience historique vécue. Il est évident que ce que Gorée représente actuellement pour les tour-operators diffère de ce qu'elle fut pour les populations africaines, européennes et américaines au cours des cinq derniers siècles.

En dépit des débats idéologiques passionnés, Gorée reste un important « lieu de mémoire » (Nora 1984) et un puissant repère symbolique pour les Africains, la diaspora afro-américaine issue du commerce atlantique, et les nations européennes présentes sur les côtes sénégambiennes à partir du XVe siècle. Cependant, il est à constater que la construction d'une mémoire historique goréenne reste essentiellement basée sur le langage, c'est-à-dire sur ce que les gens ont dit ou écrit à propos de ce qu'ils ou les autres ont fait. A Gorée, comme partout ailleurs, l'histoire est intensément négociée dans le présent et on est parfois mal à l'aise avec ces constructions érigeant l'histoire en connaissance fondamentale en dehors des relations de pouvoir (Foucault 1980:131 ; Stahl 2001 ; Cohen et Odhiambo 1989).

Le débat sur Gorée est dominé par des soucis de quantification, c'est-à-dire par les statistiques sur le nombre d'esclaves de transit ou sur le rôle et la signification de la Maison des esclaves. En dépit de certaines limites qui leur sont inhérentes, les sources documentaires sont plus appropriées que l'archéologie pour une évaluation du nombre d'esclaves ayant transité dans l'île (Thiaw 2003). Mais on ne peut réduire l'analyse de l'impact atlantique à une appréciation du nombre d'esclaves de transit. On ne peut pas non plus comprendre l'histoire de l'île en se focalisant sur la Maison des esclaves, au détriment des autres établissements.

L'expansion du système atlantique est corollaire à une forte mobilité des personnes et de la culture matérielle, au développement de nouveaux réseaux d'échanges, à la redéfinition des identités et des rapports de force. Ces processus complexes ont laissé des traces matérielles qui nous informent sur différents aspects des relations, des comportements et des modes d'interaction entre les divers acteurs. Le passé n'est pas seulement accessible à travers le langage. Il peut l'être aussi à travers les traces matérielles, qui sont des témoins tangibles de l'expérience vécue (Hall 1992). La matérialité de ces processus sociohistoriques fait que toute fiction ou narration ne peut être admise comme production historique véritable (Trouillot 1995).

Cette analyse s'intéresse à la production d'une mémoire historique à Gorée en rapport avec les relations de pouvoir pour comprendre les mentions (les fictions) et les silences qui habitent le discours historique. « L'espace entre les mots et les choses » est un site où le discours historique est confronté à la réalité matérielle pour évaluer leurs potentialités et limites respectives (Hall 1999).

Histoire et mémoire à Gorée

Aujourd'hui, Gorée symbolise pour beaucoup d'Africains et d'Africains-Américains les souffrances de la race noire soumise à l'esclavage et dont les cicatrices sont encore visibles sous différentes formes matérielles, notamment architecturale (la Maison des esclaves et sa Porte du voyage sans retour). Comme en témoigne le cri du cœur du poète-président, Léopold S. Senghor, Gorée et ses monuments historiques

> rappellent à la conscience humaine le plus grand génocide de l'histoire que fut la Traite des Nègres. Mais aussi de souligner que l'humanité noire a pardonné en invitant les autres humanités à coopérer avec elle pour bâtir ensemble une civilisation de symbiose : une civilisation pan-humaine (Senghor, in J. Delcourt 1982:XI).

Il s'agit en réalité d'un sermon prêchant le pardon et la réconciliation pour bâtir une société pan-humaine au sens global du terme. Ce discours campe le débat sur des dichotomies raciales, tout en se positionnant idéologiquement en faveur de la dimension globale plutôt que locale de la traite négrière. Le pardon et la réconciliation ne sont envisagés qu'à l'échelle interraciale, une manière de passer sous silence les initiatives et contradictions locales à l'intérieur de la société goréenne et africaine. Ce culte de l'innocence est caractéristique du discours africaniste né dans le contexte de crise des indépendances marqué par la redéfinition des identités noires et le développement accéléré de l'économie mondiale de marché. Ces porteurs qu'étaient les premières élites intellectuelles sénégalaises, tout en articulant un discours fondamentalement nationaliste et identitaire, ont reproduit les procédures d'exclusion qu'elles reprochaient à l'administration coloniale. L'influence des paradigmes globaux comme la Négritude, le Panafricanisme et le Socialisme, en aidant à articuler un discours libérateur, a brouillé en même temps les repères et les champs symboliques locaux. La continuité d'avec le gouvernement impérial est apparue à travers le mimétisme de ces premières élites intellectuelles africaines qui ont voulu détruire « la maison du maître avec les outils du maître » (Wylie 1995). Par conséquent, elles ont renforcé les fondements méthodologiques et théoriques de la « science coloniale » (Thiaw 1999).

Gorée et ses sans-voix

La construction d'une mémoire historique goréenne reflète-t-elle le discours d'une élite intellectuelle locale qui s'accommode du tourisme international, y compris celui des pèlerins de la diaspora afro-américaine ? En tous les cas, elle reste muselée en ce qui concerne les groupes locaux marginalisés, notamment les esclaves domestiques et les femmes dont l'expérience historique est passée sous silence.

Ce silence est particulièrement intriguant si l'on sait qu'à l'apogée de la traite des Noirs, du XVIIIe siècle à la fin de la première moitié du XIXe siècle, la grande majorité de la population de l'île était constituée d'esclaves domestiques ou esclaves de case. Parmi ceux-ci, les femmes représentaient le gros du bataillon, jusqu'à 75% de la population (Knight-Baylac 1970 ; Searing 1993). Au milieu du XVIIIe siècle, Gorée comptait 257 âmes dont 60 Européens, 131 captifs de case et 66 habitants mulâtres et noirs (Becker et Martin 1980). En 1785, l'île avait une population de 1044 esclaves domestiques sur un total de 1840 habitants (Golbéry 1802). Plus tard, en 1832, le nombre d'esclaves domestiques était de 4362 contre 902 Noirs ou mulâtres au statut libre et 158 Européens (d'Anfreville de la Salle, in Seck 1970). En 1842, la population goréenne comprenait 48 Européens, 1 070 indigènes libres, 152 engagés à temps et 3 713 captifs (Gaffiot 1933).

En dépit de ces informations historiques, le seul groupe de femmes qui ait droit de cité dans les reconstructions actuelles est la catégorie des *signares*, qui bénéficiaient de beaucoup de privilèges eu égard à leur association avec les Européens. En général, les esclaves domestiques étaient la propriété de ces *signares* et des autres *habitants* constitués par les métis et les Noirs libres. Les *signares* et les *habitants* tiraient l'essentiel de leur fortune moins de la vente que de la location de leurs esclaves aux Européens comme ouvriers, soldats et domestiques (Becker et Martin 1980 ; Boilat 1984 ; Curtin 1975 ; Searing 1993 ; Toupet 1957).

Le silence autour de l'esclavage domestique fait qu'aujourd'hui les descendants de ces captifs restent des « sans-voix » dans le discours historique officiel. Ainsi, on en sait très peu sur l'expérience vécue et le sort de ces captifs dont certains de leurs descendants sont encore désignés à mots couverts, dans les commérages, comme esclaves de fait (Klein 1989).

Un examen critique du discours historique goréen révèle une ambiguïté qui découle des rapports de force passés et présents et des processus complexes de négociation de l'histoire dans le présent. Par exemple, on sait que deux types d'architecture ont historiquement cohabité à Gorée : une en dur, considérée comme européenne et supérieure, et l'autre, non dur (en banco ou en paille) et africaine. L'architecture goréenne, perçue aujourd'hui comme une attraction touristique et relevant de l'héritage colonial, cache les tensions entre ces deux types d'architecture et les identités qui en sont porteuses. La survie et la préservation de l'une aux dépens de l'autre renvoient à ces rapports de force et à ce que l'on peut qualifier de guerre des mémoires, qui fait aujourd'hui rage dans l'île. Il reste cependant évident que même l'architecture dite coloniale porte les signatures du savoir-faire africain, non pas parce qu'une bonne partie des matériaux était d'origine locale, mais fondamentalement parce que les artisans étaient Africains, et des esclaves en particulier (Hinchman 2006, 2000). Certains de ces sites historiques opèrent aujourd'hui comme musées et sont des lieux de production d'histoire.

La Maison des esclaves

Le plus bel exemple des rapports entre monuments historiques et la production mémorielle à Gorée est la Maison des esclaves. Témoin matériel de l'histoire des interactions afro-européennes dans le cadre du commerce atlantique, ce site a maintenant une renommée internationale, constituant ainsi le principal foyer de production historique dans l'île.

Si la Maison Diogoye de Joal a appartenu à un individu, qui portait ce même nom, en l'occurrence le père du président Léopold Sédar Senghor, on peut affirmer qu'il y a une concordance entre les faits et le discours historique. Dans la même logique, on pourrait dire aussi que la Maison des esclaves de Gorée appartenait à ceux-ci. Mais il n'en est rien, car elle fut construite entre 1780 et 1784. Cette maison était de fait, du moins historiquement, la propriété d'un certain Nicolas Pépin, un métis goréen, frère de la riche *signare* Anne Pépin (Cariou 1966:166-7).

Fils d'une riche *signare* du nom de Catherine Baudet, Nicolas Pépin a dû hériter de celle-ci le terrain qui abrite aujourd'hui la Maison des esclaves. Un recensement de la population de l'île de 1767 avait révélé l'existence de 32 esclaves domestiques appartenant à Catherine Baudet. Ce qui laisse croire que ses enfants, notamment Nicolas Pépin, en avaient hérité une partie en plus du lot de terrain (ANS, 3G2/123, 1767). A la mort de Nicolas, c'est sa fille Anacolas qui hérite de la maison. Mais selon Cariou, celle-ci dut, pour des raisons de mariage, rejoindre son mari à Saint-Louis et louer vers 1817 la maison au gouvernement colonial qui l'utilisa pour les besoins de l'office divin (Cariou 1966:168).

Dans le discours historique sur la Maison des esclaves, le nom de son proprié-taire, Nicolas Pépin, est brièvement ou pas évoqué. L'accent est surtout mis sur les esclaves de transit destinés aux plantations d'Amérique. Il y a aussi un silence total quant aux autres occupants de la maison, notamment les esclaves domestiques. Un examen de ce discours laisse croire qu'une telle construction a des fondements économiques plutôt qu'historiques puisqu'elle vise à s'attirer les pèlerins de la dias-pora afro-américaine particulièrement sensibles aux traumas de la traite transatlanti-que. A cette sensibilité s'ajoute une meilleure assise économique de la diaspora noire américaine, au moment où les descendants des anciens esclaves domestiques de Gorée préfèrent garder l'anonymat au lieu d'afficher un attachement à cette Mai-son, à cette île ou à une condition servile qu'on leur impute encore dans le présent.

Le Castel

Dans le même ordre d'idées, au temps des colons hollandais, le Castel (Kasteel), ou citadelle, désignait le fort sis dans la colline située au sud de l'île de Gorée. Aujourd'hui, ce nom accolé au prénom local de Coumba désigne à la fois le génie protecteur de Gorée et le nom d'une chaloupe qui assure la traversée entre l'île et Dakar. L'exemple de Coumba Castel est une parfaite illustration de la profonde interpénétration des cultures africaine et européenne à Gorée. Les processus globaux sont appropriés et incorporés dans les répertoires symboliques locaux. Mais avec le développement du tourisme international, le Castel et l'architecture goréenne en général ne sont vus que sous l'angle des influences européennes. Aussi, sont-ils vidés de leur caractère polysémique pour ne refléter que les sentiments européens de gloire historique.

Les signares : entre imaginaire et réalité

Le plus bel exemple des ambiguïtés de la mémoire historique à Gorée est le restau-rant qui porte le nom d'Anne Sabran. Pour beaucoup de Goréens, Anne Sabran était la femme du Chevalier de Boufflers, qui fut gouverneur de l'île entre 1785 et 1787. C'est aussi le nom d'un hôtel restaurant de la place. Dans les sources écrites, l'his-toire d'Anne Sabran le restaurant résulte d'une manipulation historique, qui impli-que trois personnages : la *signare* Anne Pépin, la comtesse Eléonore de Sabran et le Chevalier de Boufflers (Hinchman 2000).

Anne Pépin était mariée au Chevalier de Boufflers « selon la mode du pays », mais était peut-être considérée comme sa maîtresse par les Européens contemporains. Ainsi, la relation du Chevalier de Boufflers avec Anne Pépin était adultérine pour ces derniers alors qu'elle était légitime aux yeux des Africains. Boufflers lui-même écrivait le 17 février 1788 au maréchal de Castrie : « Il faut prévenir les unions mixtes et le mélange des couleurs ». La comtesse Eléonore de Sabran était fiancée, puis épouse du Chevalier de Boufflers. Comme l'évoquent des correspondances avec le Chevalier, Madame de Sabran avait de curieux principes pour vivre la séparation d'avec son prince charmant : « Sois constant tout au moins si tu ne m'es fidèle : pense à moi souvent dans les bras de ta belle » (Cariou 1966:172). Le Chevalier

de Boufflers, qui était gouverneur, poète mais aussi « coureur de femme », dans un
de ses poèmes traduit ses états d'âme :

> …Je regrette vingt bons chevaux
> Qu'en courant par monts et par vaux
> J'ai, comme moi, crevés pour les belles (Cariou 1966:50).

En identifiant Anne Pépin et la comtesse Eléonore de Sabran comme un seul per-
sonnage, on légitime leurs unions respectives avec le Chevalier de Boufflers. En
même temps, la relation adultérine du gouverneur est passée sous silence et il garde
ainsi aux yeux de l'histoire toute la dignité et la noblesse que lui conférait son statut
chevaleresque.

A l'instar de nombreuses autres *signares* de l'île, Anne Pépin était particulièrement
riche, possédant de nombreuses maisons et des esclaves domestiques qui constituaient l'essentiel de son capital économique (Brooks 1976 ; Hinchman 2000 ; Knight-
Baylac 1977, 1970 ; Searing 1993). Les *signares* sont célébrées par la mémoire locale
goréenne en raison de leur prestige social et de leur puissance économique, mais
aussi pour leur beauté et leur vertu (Boilat 1984). Leur influence aurait déteint sur
les canons féminins de la modernité sénégalaise. Leur teint clair, leurs costumes ou
mboubes, et leurs bijoux sont ainsi devenus des signes de prestige et d'aisance. Quoique les *signares* ne fussent pas toujours nécessairement des métisses au sens biologique du terme, il est certain qu'elles l'étaient au sens culturel.

En plus de leur costume ou *mboube* que Boilat (1984) qualifie de traditionnel, les
*signare*s logeaient, d'après cet auteur, dans des maisons en dur semblables à celles
occupées par les Européens. Elles formaient des associations qu'on appelait *mbotaye*
en wolof, lesquelles étaient organisées en fonction de critères comme la classe d'âge,
le statut social et le quartier. Leurs associations rappellent à bien des égards les
groupements de femmes portant le même nom dans le Sénégal contemporain. Lors
de leurs rencontres, les *signares* préféraient manger en groupes autour d'un bol placé
sur une natte, et avec des cuillères (Boilat 1984).

Beaucoup de *signares* se déclaraient chrétiennes, mais certains de leurs comportements étaient profondément ancrés dans les croyances du terroir. Aussi, sollicitaient-
elles au besoin les services des marabouts musulmans ou autres fétichistes (Diouf
1997). C'est à cause de leur profond ancrage culturel dans les valeurs africaines que
Boilat (1984) les considère comme d'imparfaites assimilées par opposition aux métis.
Ces derniers n'avaient pas de costumes particuliers qui les différenciaient des Européens ; ils préféraient manger à table, et par conséquent étaient de vrais Caucasiens.

Pour la grande majorité de la population de l'île composée de femmes d'origine
servile, la sexualité était un moyen de changer de statut social, en permettant par
exemple à sa progéniture d'accéder à la catégorie des hommes libres. Les archives
des Actes de naissance de Gorée révèlent que dans bien des cas, le nom de famille
des enfants issus de femmes esclaves est censuré. Il est fort probable que cette
pratique, presque systématique, est utilisée pour masquer la paternité européenne
ou afro-européenne de ces enfants. Ceci laisse supposer des relations conflictuelles

entre les *signares* et leurs congénères esclaves d'une part, et entre les *signares* et leurs partenaires européens ou afro-européens d'autre part (Thiaw 2002).

Les *signares* ont joué un rôle important dans la socialisation de la population métisse, en favorisant la naissance d'une culture créole née de la rencontre entre la culture européenne et celle locale. Cependant, comme le montre Boilat (1984), les *signares* et les métis s'étaient assigné des identités différentes, ce qui laisse présupposer des tensions de genre. Ainsi, l'alliance entre les Européens et les Africaines visait exclusivement à reproduire une consanguinité et une identité mâle européenne qui n'étaient transmissibles qu'à travers la descendance patriarcale (voir Fêo Rodrigues 2003 pour un argument similaire dans les îles du Cap Vert).

Dans les commémorations actuelles, les *signares* sont décrites de manière très romancée. Cependant, elles n'étaient pas toujours perçues positivement, si l'on se fonde surtout sur certaines sources écrites. Elles étaient associées à des pratiques moralement indécentes. En outre, leur adoption de la religion chrétienne et leur identité étaient parfois remises en cause (Becker and Martin 1980 ; Thilmans et Moraes 1973). Une analyse critique des sources laisse apparaître que leurs rapports avec les Européens étaient loin de conduire à un « paradis sexuel » (Rodrigues 2003 ; Stoler 2002). Leurs relations étaient plutôt très complexes, faites de dilemmes, tendues également parce que se heurtant aux notions de race, de classe et de genre. Les *signares* et leurs descendants étaient des vecteurs de nouveautés culturelles inspirées par leur double appartenance aux cultures africaine et européenne. Cela a contribué à la subversion des notions et des catégories identitaires aussi bien coloniales qu'africaines (Stoler 2002).

Il faut aussi noter que la notion d'*habitant*, qui servait à désigner la population afro-européenne, n'était pas rigide dans le temps et tout au long de la période de contact. Elle a subi des changements en même temps que les concepts de race et d'identité. A partir de 1848, après l'abolition de l'esclavage, elle désignait l'ensemble de la population originaire de l'île. Cette période se caractérise par la faillite de l'économie servile domestique qui constituait la principale source de revenus de la population afro-européenne et libre. Ces changements s'accompagnent progressivement de l'émergence d'une nouvelle identité métisse qui se définit comme « ni Blanc, ni Noir », mais plutôt « café au lait » (Idowu 1968). A partir de 1872, tous les résidents de l'île, qu'ils fussent Blancs ou Noirs, s'étaient vu octroyer la citoyenneté française, ce qui inaugure une nouvelle ère dans l'histoire politique et sociale de Gorée.

Ce bref aperçu historique permet en partie de comprendre pourquoi les *signares* plutôt que les métis afro-européens occupent une place prépondérante dans les commémorations actuelles de l'esclavage à Gorée. Elles étaient les agents-clés de la transmission et de conservation des valeurs culturelles africaines dans cette communauté goréenne en cours de créolisation. Cependant, numériquement, les *signares* représentaient une faible portion d'une population largement servile et féminine qui demeurait marginalisée, reléguée au second rang dans la mémoire historique de l'île de Gorée.

Les commémorations de l'esclavage à Gorée mettent l'accent sur les *signares*, les esclaves de traite et les Européens. Elles étouffent, voire passent sous silence l'expérience des esclaves domestiques. Aussi, font-ils de ces derniers et de leurs descendants des gens sans histoire, qui n'ont pas droit de cité dans la mémoire collective (Klein 1989 ; Wolf 1982). Ainsi, les commémorations de l'esclavage sont profondément ancrées dans les rapports de force du présent.

Encore aujourd'hui, le terme esclave est en usage au Sénégal. Il est utilisé dans les commérages pour désigner des descendants d'esclaves de fait. Mais de plus en plus, il sert à caractériser tout comportement ou acte jugé comme indigne et déshonorable. Sociologiquement, l'esclave est comme celui ou celle dont les actes sont indignes, en porte-à-faux avec le sens de l'honneur. Ainsi, est-il est considéré comme responsable de son sort et de ses malheurs qui sont comme une punition sociale.

Les narrations de la Maison des esclaves ignorent complètement ces considérations locales. Leur silence laisse en latence des questions essentielles, avec des implications profondes dans le présent. Est-il possible de nous réconcilier avec notre passé en taisant les aspects les plus pénibles et les plus honteux de notre histoire ? Ne devons-nous pas affronter notre passé tel qu'il est, avec ses peines et ses angoisses pour permettre un possible dépassement ?

Au cours des dernières décennies, ces discours ambigus et ces mémoires conflictuelles ont fait de Gorée un forum où la polémique sur l'impact et les conséquences de l'expérience atlantique fait rage. Puisque le discours historique se compose d'une mosaïque de silences et d'arrangements qui s'enracinent profondément dans les rapports de force du présent, la réconciliation des différentes positions apparaît comme un objectif quasi impossible (Stahl *et al.* 2004).

La culture matérielle offre des bases empiriques pour réexaminer ces constructions historiques. C'est dans ce cadre que nous avons initié, depuis février 2001, un programme de tests et fouilles archéologiques à Gorée pour valider ou invalider certaines hypothèses avancées par le discours historique et essayer de retracer l'expérience quotidienne de tous les groupes représentés dans l'île, y compris ceux marginalisés par les documents écrits.

Tout comme les sources documentaires, celles archéologiques ont leurs limites. Certains comportements humains ne laissent pas de traces matérielles et tous les produits matériels ne survivent pas dans les dépôts archéologiques. En plus, la culture matérielle ne « parle » pas comme on pourrait le supposer. C'est l'archéologue plutôt, avec une orientation idéologico-politique et une expérience qui lui sont propres, qui parle. Je reste cependant convaincu qu'il existe un passé vécu et connaissable, qui laisse des traces matérielles pouvant nous permettre d'interroger les mentions historiques, de dévoiler et d'interrompre les silences (Trouillot 1995). Une approche interdisciplinaire, qui confronte et croise les différentes sources disponibles (documentaires, orales et matérielles), offre ainsi plus de possibilités que l'enfermement dans nos frontières disciplinaires traditionnelles (Stahl 2001).

Culture matérielle et histoire

En 1445, le Major Capitaine Lançarote du poste d'Arguin et son équipage portugais larguent en face de la presqu'île du Cap Vert. Ils repèrent dans la petite île de Gorée, en face de Berzeguiche (Dakar), la présence de plusieurs guerriers africains qui les empêchaient de débarquer. Alors, Lançarote ordonne à un de ses officiers, le Capitaine Gomez Piriz, d'aller à leur rencontre, à bord d'un canoë, pour déposer sur la plage un gâteau, un miroir, et une feuille de papier sur laquelle ils avaient dessiné une croix. Après avoir accompli sa mission, le Capitaine Gomez réembarque aussitôt pour échapper au lynchage (Cariou 1966).

Cet acte à la fois historique, matériel et symbolique visait à montrer les bonnes dispositions des Portugais à nouer des relations d'amitié et de commerce. En réaction, les Africains détruisent le gâteau, brisent le miroir et déchirent la feuille de papier. Il s'ensuit un échange de coups de feu et de flèches empoisonnées, qui inaugurent le premier contact entre les Africains et les Européens. Plus tard, Gorée devient une forteresse et un asile paradisiaque pour les Européens sur les côtes atlantiques de la Sénégambie.

Cette première expédition ne mentionne aucune tentative de la part des Portugais de capturer ou d'échanger leurs produits contre des esclaves. L'accent est mis sur les bonnes intentions des Européens pour les échanges commerciaux, mais ceux-ci pouvaient bien inclure des esclaves. Selon Cariou (1966:4), Gorée était alors un refuge pour les populations côtières de la péninsule du Cap Vert en guerre contre les royaumes de l'hinterland. Parallèlement, l'île de la Madeleine, où les Portugais finirent par accoster et lui donner le nom de Palma, servait comme lieu de refuge pour les troupeaux. Gorée joua par la suite un rôle plus important que la Madeleine en raison de son excellent port qui permettait, entre autres, des services de ravitaillement et de maintenance pour les navires européens.

Le récit que les Portugais firent de ce contact est fort probablement édulcoré, mais le refus des Africains, qui occupaient l'île à cette époque, de commercer pourrait bien caractériser les premiers contacts. Un autre récit indique cependant qu'à leur arrivée sur l'île, les Portugais ne trouvèrent que des chèvres avec de longues oreilles (Zurara 1960). Dans ce dernier cas, l'absence de personnes sur l'île légitime l'occupation et la colonisation européennes. En tous les cas, les Portugais n'avaient pas une habitation permanente à Gorée, hormis une petite église où ils enterraient leurs compagnons morts sur les côtes de la Sénégambie (Mauny 1954). C'est aux Hollandais qu'on attribue historiquement les premiers établissements fortifiés sur l'île à partir de 1627/1628. La colonisation hollandaise se serait faite pacifiquement. Ce serait un pêcheur lébou de la péninsule du Cap Vert qui leur aurait vendu l'île pour une poignée de perles et des verroteries (Boilat 1984).

Entre le premier contact avec les Portugais et l'occupation hollandaise, il y a presque deux cents ans. Ce qui transparaît à travers ces récits, c'est l'appétit grandissant des Africains pour les produits européens de traite. Deux cents ans après les Portugais, les Africains développent des goûts insatiables pour les marchandises européennes au point de céder l'île pour de la verroterie. Les récits postérieurs au XVIIIe siècle font état de populations africaines devenues par la force des choses des consommateurs très avisés et très sophistiqués (Metcalf 1987).

Le naturaliste français, Michel Andanson, qui a vécu dans l'île entre 1749 et 1753, décrit une population goréenne avide des produits de traite (Becker and Martin 1980). Les *signares* et leurs familles en particulier vont développer des goûts très raffinés pour les produits d'importations en raison de leur alliance avec les Européens avec qui elles cohabitaient et se mariaient. Aussi, parvenaient-elles à se ravitailler en pain de blé, en vin, en eau de vie, mais également en produits haut de gamme, aux frais de la Compagnie. Selon Adanson, même leurs esclaves avaient accès à la viande et au mil, contrairement aux Européens « ordinaires », sans surface financière. Avec la complicité de leurs partenaires européens, les signares et leurs familles pouvaient prétendre à des marchandises inaccessibles à beaucoup d'Européens. En plus des produits d'importation, à partir du XVIIIe siècle, les *signares* possédaient la plupart des maisons de l'île et logeaient les expatriés européens (Knight-Baylac 1970, 1977).

Les recherches archéologiques que nous avons effectuées dans l'île nous permettent d'évaluer l'intensité du commerce atlantique et son impact sur la vie quotidienne. De grandes quantités de produits de traite ont été collectées. Nous notons également que beaucoup d'autres produits périssables, qui n'ont pas laissé de traces dans les dépôts archéologiques, ont dû être débarqués et consommés dans l'île ou réexportés vers l'hinterland.

Les dépôts archéologiques indiquent cependant que la présence des produits d'importation était quantitativement négligeable dans l'île avant le XVIIIe siècle, qui coïncide avec un développement accru du commerce atlantique et une influence grandissante de la population afro-européenne sur les côtes sénégambiennes (Brooks 2003 ; Mark 2002). Ils remettent donc en cause l'importance du trafic atlantique avant cette période. Les produits d'importation liés aux Portugais et aux Hollandais sont extrêmement rares dans les dépôts archéologiques et la plupart postérieurs au XVIIIe siècle, durant les occupations française et britannique.

Parmi les produits d'importation, les travaux archéologiques ont relevé des briques, des tuiles, des clous, des objets en métal très variés, des débris de bouteilles de boissons alcoolisées (vin, liqueur, bière), des perles, des pierres à fusil, de la céramique, etc. Malgré l'importance des importations, le ravitaillement de Gorée en eau et en vivres était largement dépendant du continent (Brau 1928).

La densité de la culture matérielle est variable d'un site à un autre. Les dépôts sont plus importants dans la partie ouest de l'île. Certains sites fouillés dans la partie est ont livré cependant une quantité importante de produits de traite. Les processus de balayage et de nettoyage ont dû jouer un grand rôle dans la distribution de la culture matérielle. Avec l'imposition des gouvernements coloniaux, la gestion et l'utilisation de l'espace étaient strictement contrôlées, ce qui peut aussi expliquer en partie la distribution de la culture matérielle.

Archéologie et reconstruction historique

Depuis 2001, plus d'une dizaine de sondages archéologiques à dimensions variables, et des sondages test ont été effectués dans différents endroits de l'île de Gorée. Les fouilles ont mis en évidence deux assemblages distincts : un assemblage exempt de toutes traces de culture matérielle européenne et un autre où celle-ci abonde. Les fouilles et les tests ont permis de déterminer l'emplacement de la première occupation dans les dépôts profonds au nord-ouest de l'île. Quant aux dépôts contenant des produits de traite, ils se répandent un peu partout sur l'île à partir de la fin du XVIIe siècle et au début du XVIIIe siècle (Figure 1).

Figure 1 : Sites prospectés et fouillés à Gorée depuis 2001

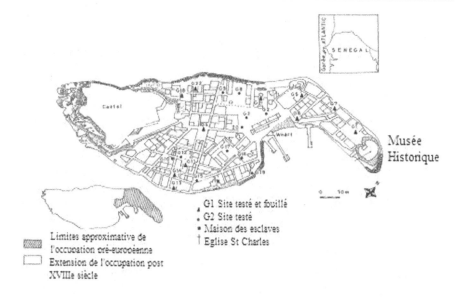

Gorée avant le contact atlantique

A un moment inconnu durant la fin du premier millénaire et le début du deuxième millénaire, un petit groupe de marins, probablement affilié culturellement aux populations de la péninsule du Cap Vert, a colonisé l'île de 17 ha qui fait face à l'actuel port de Dakar. Ils le dénommèrent Beer en comparaison au ventre de l'océan. Ils s'installèrent de manière permanente dans la partie nord-ouest où les débris émanant de leurs activités ont été identifiés.

Ces débris sont constitués principalement par des tessons de poterie, des restes de poisson, de coquillages et de faune. En raison de l'importance des restes de produits maritimes, on pourrait penser que les premiers occupants de l'île avaient des activités en grande partie orientées vers la mer ou, du moins, ils en tiraient l'essentiel de leur subsistance. Le début de l'occupation est daté entre 700 et 1000 AD. Mais jusqu'ici, les travaux archéologiques n'ont mis au jour aucune trace matérielle de leurs équipements de navigation et de pêche. Cependant, on peut imaginer que leurs techniques étaient assez avancées pour leur permettre d'atteindre Gorée à partir du continent. Ceci est une indication que des pirogues, peut-être similaires à celles utilisées dans la pêche artisanale moderne au Sénégal, étaient déjà en usage à cette période ancienne.

Ils avaient domestiqué le bétail et les chèvres, mais chassaient également des ressources sauvages dont des rats et des oiseaux (Lien 2003). Nous ne savons pas s'ils confectionnaient leur propre poterie ou s'ils l'importaient du continent. Bien qu'aucune source significative d'argile n'ait été trouvée sur l'île, la poterie est dominante dans les restes culturels fouillés. Si la poterie était réalisée à Gorée, l'argile serait importée probablement du continent.

En général, la poterie était bien décorée, généralement avec une roulette de ficelle appliquée de la lèvre à la base du vase. Elle servait à la cuisson et au stockage, mais aussi aux activités cultuelles. Un certain nombre de petits vases, contenant des poteries en miniature, étaient probablement fabriqués à cette fin. D'autres pots en miniature étaient placés dans de grandes coquilles de cymbium. Selon Mauny (1946) et Monod (1944), ces structures auraient été introduites dans la région par des soldats dahoméens pendant la période coloniale. Cependant, à Gorée et à la Madeleine, elles sont associées à des contextes antérieurs aux contacts avec les Européens.

En plus des formes et des motifs de la poterie identiques à ceux du même âge dans la région intérieure adjacente, ces petits pots énigmatiques sont bien connus dans la péninsule du Cap Vert et pourraient être d'importants signes identitaires. Cet assemblage a été attribué à des populations porteuses d'une économie maritime, qui se sont installées dans la presqu'île du Cap Vert aux alentours du premier millénaire de notre ère (Corbeil *et al.* 1948).

Les premiers contacts

Jusqu'au XVe siècle, très peu de changements sont notés, si l'on se fonde sur les restes culturels fouillés. Il ne semble pas y avoir une croissance démographique notable puisque l'occupation reste confinée dans la partie nord-ouest de l'île. Il est communément admis que ce sont les marins portugais qui sont les premiers Européens à atteindre la péninsule du Cap Vert et à repérer Gorée vers 1445. Certaines sources portugaises indiquent que l'île était inhabitée lorsqu'ils y débarquèrent au milieu du XVe siècle. Ils n'y ont trouvé que des chèvres errantes avec de longues oreilles (Zurara 1960).

Les travaux archéologiques, quant à eux, démontrent sans ambiguïté une occupation de l'île par des populations africaines entre la fin du premier millénaire et le début du deuxième millénaire de notre ère. Ainsi, comment se fait-il que les Portugais n'aient vu que les chèvres, mais pas les populations africaines annoncées par les travaux archéologiques ? Qu'est il-arrivé aux premiers occupants africains dont les débris des activités culturelles sont sans équivoque identifiés dans les dépôts archéologiques ?

Sur l'un des sites fouillés, G6, les couches archéologiques entre l'occupation africaine antérieure au XVe siècle et celles postérieures, avec des preuves de contacts avec les Européens, sont caractérisées par d'importants nids de termites qui suggèrent l'abandon du site parfois aux alentours du XVe siècle. Alors la question est de savoir quand et pourquoi les premiers colons africains ont abandonné l'île.

Dans les cultures côtières du Sénégal, l'océan est un monde mystérieux où nul ne peut s'aventurer sans au préalable effectuer les incantations, prières et sacrifices appropriés. Au vu de l'importance des produits maritimes dans les débris domestiques, il est permis de penser que les premiers occupants de Gorée menaient des activités de subsistance orientées pour une large part vers la mer. En étudiant la poterie de la presqu'île du Cap Vert, sur la terre ferme adjacente à l'île de Gorée, Corbeil *et al.* (1948) l'associent à l'arrivée des groupes orientés vers l'économie maritime et qui ont partout établi sur le littoral sénégambien des sites d'amas coquillers. Quoi qu'il en soit, les pots en miniatures trouvés à Dakar, Ngor, Yoff, Bargny, Wakam, Rufisque, mais aussi à Gorée et à l'île de la Madeleine sont attribués à la culture de la presqu'île du Cap Vert.

L'arrivée de nouveaux marins, en provenance des profondeurs de l'océan ou d'horizons inconnus, incarnant peut-être des esprits plus puissants, pourrait contribuer à chasser les premiers occupants hors de l'île. Nous ne savons pas combien de temps il a fallu aux Portugais pour repérer et visiter l'île. Il est probable que les premiers Goréens les aient vus et aient évacué le site avant même qu'ils n'y mettent les pieds. Le fait que les Portugais ont utilisé Gorée comme cimetière renforce l'idée que le site était hanté par des esprits venant des profondeurs de l'océan. Cette idée semble avoir prévalu jusqu'à l'occupation de Gorée par les Néerlandais en 1627/1628.

Selon les sources écrites, les Hollandais auraient acheté l'île à un pêcheur indigène contre des verroteries et une poignée de clous (Boilat 1984). Ils y construisirent deux forts : Fort Nassau dans la partie du nord-ouest de l'île et le Castel juché sur la colline qui borde l'île au sud. Ils donnèrent à l'île son nom actuel, Goeree, qui veut dire « un bon port », et l'occupèrent jusqu'en 1677 avant d'être chassés par les Français. D'un point de vue archéologique, l'occupation hollandaise pose deux questions historiques importantes. Premièrement : pourquoi fort Nassau avait-il été installé à l'endroit jadis occupé par les populations africaines ? Deuxièmement : pourquoi y a-t-il peu de preuves matérielles sur la présence hollandaise, malgré les nombreux sondages et tests effectués à l'emplacement du Fort Nassau ?

Même s'il est difficile d'écarter les problèmes d'échantillonnage, l'emplacement de Fort Nassau était déjà défriché par les premiers occupants africains de l'île, ce qui peut expliquer en partie le choix des Néerlandais de s'y établir. En outre, comme l'île était abandonnée par ses premiers occupants africains avant l'arrivée des Hollandais, la plupart des transactions marchandes se déroulaient probablement sur la terre ferme, qui renfermerait une grande partie des résidus de produits de traite liés aux Néerlandais.

Nous savons aussi qu'à l'exception des poissons et d'autres ressources maritimes, Gorée apparaît comme une île stérile dépendant du continent pour l'approvisionnement en eau et en vivres des Néerlandais et des autres Européens au cours des siècles suivants. Nous pouvons risquer l'hypothèse que les premiers colons hollandais vivaient en partie comme des Africains parce que leur culture matérielle ne semble pas différer fondamentalement des débris de l'occupation africaine pré-européenne.

La formation d'une île transnationale

Une présence européenne plus significative commence à apparaître dans l'assemblage à la fin du XVIIe siècle et au début du XVIIIe siècle, une période au cours de laquelle Gorée était sous domination française. A partir de la seconde moitié du XVIIIe siècle, l'île était occupée par les Français, mais avec des intermèdes de domination britannique en 1758-1763 ; 1779-1783 ; et 1804-1817. Même si les occupations britanniques étaient courtes, elles ont laissé, ainsi que la présence française, un profond impact dans le paysage et la culture matérielle.

Tout au long des XVIIIe et XIXe siècles, les marchandises venant d'Europe et comprenant des céramiques, des clous, divers objets façonnés en métal, des matériaux de construction, des perles, des pierres à fusil, des balles de plomb, des bouteilles de vin, de la bière, des liqueurs, des parfums, des pipes à tabac, etc. augmentent considérablement dans l'inventaire des objets trouvés dans l'île. Cette période est caractérisée par un goût marqué pour les importations européennes dont la variété et la distribution suggèrent un grand accès et peut-être même un embarras du choix pour les consommateurs.

La consommation de la poterie manufacturée localement qui a prédominé dans les contextes antérieurs au XVe siècle a continué, mais a connu une baisse de plus de 50 pour cent au moment où la céramique d'origine européenne se répandait. Pourtant, l'intérieur de la Sénégambie continuait à ravitailler la population multinationale et multiraciale de Gorée en eau et en produits alimentaires. La culture matérielle mise au jour par les fouilles archéologiques suggère un large accès des populations de l'île, à partir du milieu du XVIIIe siècle, aux marchandises en provenance d'Europe. Parallèlement, l'analyse des cartes historiques et le mode d'occupation de l'espace fournissent des informations sur les contacts et les interactions culturelles.

Occupation de l'espace, culture matérielle et identité

L'emprise des Européens sur l'île de Gorée et leur implication dans la vie des Africains s'accélèrent à partir du XVIIIe siècle. En plus des produits de traite, les Européens introduisirent de nouvelles formes architecturales, de nouvelles technologies, de nouvelles plantes et de nouveaux animaux. Ils s'impliquèrent dans la gestion et l'occupation de l'espace pour sécuriser l'île et développer le commerce (Becker 1980 ; Demanet 1767:102 ; Hinchman 2000 ; Knight-Baylac 1970, 1977 ; Lamiral 1791:45/46 ; Searing 1993).

Les plans établis au début de XVIIIe siècle montrent une occupation discriminatoire de l'espace insulaire sur une base raciale. Gorée est ainsi subdivisée en quartiers ou villages distincts. C'est ainsi qu'on note un quartier dit Bambara pour les esclaves, un quartier pour les Gourmettes, qui étaient des Africains christianisés, et un autre pour les *habitants,* qui étaient des Afro-Européens, mais incluaient peut-être aussi des Africains libres. Les Européens, qui étaient pour la plupart des employés de la Compagnie, habitaient dans les forts. Il est aujourd'hui connu que le groupe des esclaves Bambara n'était pas exclusivement composé d'individus appartenant à cette ethnie (Bazin 1989 ; Bathily 1989). En revanche, il est fort probable que le quartier Bambara a été habité par des esclaves domestiques appartenant soit aux Afro-Européens, soit aux Africains libres. Quant aux esclaves de traite en transit, ils étaient confinés dans les captiveries, et leurs mouvements étaient limités (Benoist 1997 ; Thilmans 1997).

Les recensements démographiques de la traite des esclaves sont très controversés, et à juste titre puisque les données sont fragmentaires et dispersées. En revanche, les recensements de la population goréenne à des périodes différentes de la traite des esclaves peuvent fournir des informations intéressantes sur la composition de la population et l'occupation de l'espace en fonction des statuts et rapports sociaux. A Gorée, on dispose de recensements faits maison par maison avec des informations fort utiles sur la vie quotidienne. Ils étaient probablement commandités par les autorités coloniales à des fins administratives.

Au XVIIIe siècle, la cartographie coloniale inscrit chacune des principales identités de l'île dans un espace bien délimité. Ainsi, on pourrait se demander s'il y a des corrélations possibles entre les identités et la distribution de la culture matérielle. Une telle relation, si elle existait, pourrait permettre de comprendre les caractéristiques de chaque identité sur la base de son accès ou pas à certaines cultures matérielles. Elle pourrait aussi nous informer sur les interactions entre les différentes identités et sur la trajectoire historique des rapports sociaux, économiques et politiques.

La prospection et les fouilles archéologiques à Gorée étaient guidées en partie par les informations des cartes historiques. Ainsi, au cours de nos travaux, nous avons ciblé des endroits avec des informations sur l'identité des occupants, comme le quartier Bambara des esclaves, le fort Nassau, la maison d'Anne Pépin, l'hôpital militaire, la maison du Gouverneur hollandais, etc.

Cependant, une lecture minutieuse des plans, des cartes et des documents historiques montre des changements dans la propriété foncière, les stratégies de contrôle et de sécurité des différentes puissances coloniales avec une rapidité que nous pouvons difficilement appréhender à partir de dépôts archéologiques. En outre, certains plans ressemblent plus à des projections qu'à des relevés de terrain. D'autres donnent l'aspect d'un mélange entre les relevés de terrain et des propositions de changements. La légende de la carte établie par Aine en 1725 par exemple mentionne « un endroit où il conviendrait de placer les cases des nègres libres ». Les cases sont représentées à l'endroit indiqué. Il n'est pas certain qu'elles aient été réellement construites (Figure 2).

L'autre problème est que l'échelle du temps archéologique est beaucoup moins précise que les informations historiques datées à l'année près. Ainsi, seules les grandes tendances de ces changements sont perceptibles dans la culture matérielle. Parmi les transformations assez visibles dans la culture matérielle, nous notons la distinction entre les périodes d'occupation pré- et post-XVIIIe siècle. La popularité des produits de traite à partir de cette dernière période s'accompagne du développement de l'architecture en dur d'influence européenne. Ces transformations vont affecter les différents quartiers de l'île de manière presque concomitante à l'échelle du temps archéologique.

L'analyse des cartes historiques rend compte de ces changements. A partir de la seconde moitié du XVIIIe siècle, il y a très peu de signes de ségrégation raciale ou identitaire dans l'occupation de l'espace. Ce changement est lié à la croissance démographique de la population, largement dominée par les esclaves domestiques et les femmes, et à une urbanisation rapide de l'île (Becker et Martin 1980). Il est aussi le produit des tensions et des processus de négociation entre les différentes identités. L'émergence d'une population mixte par exemple a contribué à subvertir les subdivisions identitaires initialement imposées à partir des forts européens (Thiaw 2006).

Figure 2 : Plan de Gorée au début du XVIIIe siècle (B. L'Aine 1725)

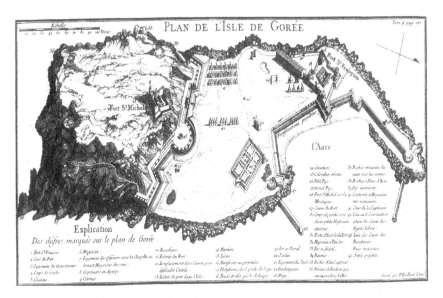

A partir de la seconde moitié du XVIIIe siècle, se produit une démilitarisation de l'occupation et beaucoup d'Européens se retrouvent dans des quartiers initialement habités par des Afro-Européens et des Africains (Knight-Baylac 1970, 1977). La compétition entre puissances européennes pour le contrôle de l'île va s'accompagner de stratégies sécuritaires qui vont déteindre sur l'habitat et la gestion de l'espace. Plusieurs plans de Gorée sont réalisés à cette époque et la plupart se préoccupaient de la nature et de la position des fortifications. Ainsi, les Anglais vont autoriser la construction de maisons privées en dur le long de la côte initialement contrôlée par les Européens pour remplacer les fossés et les remparts (Delcourt J.1982:56-58).

Le plan d'Armeny de Paradis suggère qu'un quartier africain, situé au pied du Castel, a subsisté dans l'île jusque vers la fin du XVIIIe siècle (Knight-Baylac 1970, 1977). D'une manière générale cependant, les plans de la deuxième moitié du XVIIIe siècle indiquent une réduction, voire un effacement des limites entre les anciens quartiers. Ces changements indiquent un rapprochement entre les différentes identités. Mais cela n'élimine pas les frontières sociales (notamment celles définies par la condition servile) qui restent intégrales jusqu'au milieu du XIXe siècle.

Cependant, la réduction des distances physiques s'accompagne d'un rétrécissement des frontières sociales, d'un métissage biologique et d'une interaction culturelle plus soutenue (Thiaw 2008). Les conséquences de ces transformations peuvent être appréhendées à travers l'analyse de la gestion sociale et politique de l'espace urbain et domestique en rapport avec l'institution de l'esclavage. Gorée était à la fois un espace de commerce, de services et de transit où les Européens cohabitaient avec une population africaine composée d'hommes libres et d'esclaves. Ce statut va donner lieu à deux modes de servitude : un esclavage local pour le service domestique et un autre pour la traite atlantique.

Les esclaves de traite étaient assimilés à du bétail alors que les esclaves domestiques ou de case étaient considérés comme des membres à part entière de la famille, quoiqu'étant de statut inférieur (Klein 1989). Les premiers étaient généralement confinés dans les forts européens alors que les seconds étaient logés dans les différentes concessions. Ces esclaves de case constituaient une main d'œuvre spécialisée, comprenant des maçons, des menuisiers, des soldats, des domestiques, etc. Par leurs activités et leur liberté de mouvement, ils avaient une grande visibilité dans la vie quotidienne (Thiaw 2007). Ils étaient des acteurs très actifs dans la production de la richesse des élites, de l'architecture et du paysage insulaire (Hinchman 2006:182).

L'analyse de l'occupation de l'espace montre qu'à partir de la seconde moitié du XVIIIe siècle, maîtres et esclaves de case vivaient côte à côte et peut-être mangeaient dans le même récipient (Klein 1998). Bien que possédant des esclaves de cases, certains Goréens, notamment des *signares,* étaient dégoûtés par l'esclavage de traite, du moins vers la fin de la première moitié du XIXe siècle, si l'on en croit l'Abbé Boilat (1984:34-35).

Les fouilles archéologiques ont mis en évidence des planchers d'argile à côté de fondations de maisons en dur. Ces structures semblent suggérer la persistance d'une architecture en banco ou en paille dans les concessions goréennes. Quoiqu'elles aient pu avoir d'autres fonctions comme celle de cuisine ou d'atelier par exemple, il n'est pas à exclure aussi qu'elles étaient habitées par des esclaves de case. Si cette interprétation s'avérait correcte, on pourrait avancer que beaucoup d'esclaves de case, bien que proches de leurs maîtres, menaient une existence assez précaire. Ils étaient certes des privilégiés, comparés aux esclaves de traite, mais n'étaient certainement pas gâtés.

Il n'est pas exclu que certains Afro-Européens ou Africains libres soient impliqués dans l'esclavage de traite. Mais il était fort probable que cette activité était dominée par les Européens. Le démantèlement des principaux forts européens et leurs captiveries, à la fin du XIXe siècle et au début du XXe siècle, a contribué à recentrer les efforts de commémoration dans des maisons privées comme la Maison des esclaves. D'après les documents historiques, les forts ont été rasés pour des raisons sécuritaires. Nous pouvons nous demander si cela n'obéissait pas également à la volonté ou au désir de passer sous silence la traite européenne. Sinon, pourquoi le gouvernement colonial n'a pas songé à la restauration des ruines, comme il l'a fait avec d'autres bâtiments comme la Maison des esclaves, qui semble appropriée pour la commémoration de l'esclavage domestique plutôt que de l'esclavage de traite (Thiaw 2007).

Les cartes du début du XVIIIe siècle indiquent un mode d'occupation de l'espace réparti entre les Européens, les Afro-Européens, les Africains libres et les esclaves. Cependant, dès le milieu de ce siècle, les formes de discrimination sociale connaissent un recul débouchant sur la réduction de la distance physique entre les insulaires. Cela permet l'apparition d'une nouvelle identité, ni noire, ni blanche, mais transnationale. Cependant, cela ne veut pas dire qu'il n'y avait pas de tensions entre les races et les différentes classes sociales. Mais il y avait assez de mobilité et de fluidité pour permettre aux couches sociales inférieures, notamment les esclaves, de gravir des échelons de la pyramide sociale.

Conclusion

L'examen des discours historiques et mémoriels goréens nous a permis de mieux comprendre le rôle des relations de pouvoir dans la production du savoir historique. L'histoire de la Maison des esclaves, du restaurant Anne Sabran, et du Castel de la citadelle hollandaise perchée sur la colline de la chaloupe et du génie protecteur est le produit de procédures complexes de négociation de l'histoire dans le présent.

Cette négociation du global et du local dans le présent est à l'origine d'une histoire qui accommode deux pôles en apparence contradictoires, mais de fait liés aux plans économique, politique et stratégique, tout au long des contacts globaux du commerce atlantique, entre les Européens d'une part et les élites africaines d'autre part. Il y a au niveau de chaque pôle un appétit insatiable pour le commerce et l'accumulation de richesses (Thomas 1991 ; Brooks 1993). De par leurs attitudes et aptitudes, ces pôles ont pris en tenaille un troisième pôle invisible et silencieux, qui regroupe les individus marginalisés, notamment les esclaves de cases, les femmes et leurs descendants.

Les silences ou les oublis du discours historique font de ceux-ci de véritables « people without history » (Wolf 1982). Dans une société où le statut est en théorie une marque indélébile, ces « sans-voix », sans honneur, ni noblesse, apparaissent comme des laissés pour compte dans le discours historique sous le seul prétexte que l'esclavage fut plus tolérant et plus humain en Afrique que dans le « Nouveau Monde ». Ainsi, la tendance trop globalisante plutôt que locale du discours historique a failli en ne prenant pas en compte les véritables victimes locales du système atlantique. La primauté accordée aux sources écrites et orales au détriment de celles archéologiques a en partie contribué à cette situation.

Des événements dramatiques ont eu lieu à Gorée ou ont commencé à s'y développer avant de se répercuter à l'échelle mondiale. Nous pouvons seulement imaginer la crainte et le désespoir des premiers occupants de l'île au cours de leur rencontre initiale avec des individus aux longs cheveux et avec un visage blanc. Ils abandonnèrent leurs domiciles et leurs affaires, qui étaient pourtant des investissements à vie, prévus pour plusieurs générations.

L'arrivée et l'installation des Européens, à partir du XVe siècle, étaient sans nul doute un événement dramatique. Beaucoup d'Africains étaient capturés à l'intérieur du continent, souvent par les élites africaines et autres chasseurs d'esclaves. Parmi les captifs, certains restèrent dans l'île en tant qu'esclaves domestiques tandis que d'autres étaient déportés vers le Nouveau Monde. Tous avaient éprouvé, à un certain degré, le traumatisme de la servitude, de l'exil, de la misère, de la surexploitation, sans compter les risques élevés de mortalité.

D'autres parvinrent à négocier leur liberté et à se bâtir une fortune dans le système concurrentiel érigé par leurs anciens maîtres. Au cours de son existence, un individu pouvait changer de statut et d'identité plusieurs fois. Le témoignage matériel de ces processus montre des changements culturels rapides et l'apparition d'une communauté qui était racialement et culturellement ni africaine, ni européenne, mais multiculturelle, multiraciale et transnationale.

Au cours des cinq derniers siècles, Gorée apparaissait comme un laboratoire d'expérimentation de nouvelles normes culturelles. De nouveaux goûts, de nouveaux styles de vie et un nouveau système de croyances se développent au terme d'intenses négociations. En ce monde marqué par des tensions identitaires, de classes et de rapports de force de toute sorte, nos mémoires sur Gorée ne devraient jamais perdre de vue les expériences acquises au cours de ce processus.

Références bibliographiques

ANS : Archives Nationales du Sénégal.

Bathily, A., 1989, *Les Portes De l'Or. Le Royaume de Galam (Sénégal) de l'ère des musulmanes au temps des négriers (VIII-XVIIIe siècles)*, Paris, l'Harmattan.

Bazin, J., 1989, « A chacun son Bambara », in J.L., Amselle, E. M'Bokolo, éd., *Au Coeur de l'Ethnie: Ethnie, tribalisme et Etat en Afrique*, Paris, *La Découverte*, pp. 87-127.

Becker, C., et Martin, V., 1980, « Mémoire d'Adanson sur le Sénégal et l'île de Gorée », *BIFAN*, Série B, T. 42, n° 4, pp. 722-779.

Benoist, J.R., 1997, « Typologie et fonctions des captiveries goréennes », in Samb, D., (éd.) *Gorée et l'esclavage*, Actes du Séminaire sur *Gorée dans la traite atlantique : mythes et réalités. Initiations et Etudes Africaines*, n° 8. IFAN-C.A.D., Dakar, pp. 121-135.

Boilat, D., 1984, *Esquisses Sénégalaises*. Paris, Karthala.

Brau, P. 1928, « L'île sortilège », *BCEHSAOF*, T XI, pp. 553-606.

Brooks, G., 2003, *Eurafricans in Western Africa : Commerce, Social Status, Gender and Religious Observance from the Sixteenth to the Eighteenth Century*, Athens, Ohio University Press.

Brooks, G. E., 1993, *Landlords and Strangers. Ecology, Society and, Trade in Western Africa, 1000-1630*, Boulder, Westview Press.

Brooks, G., 1976, 'The Signares of Saint Louis and Gorée : Women Entrepreneurs in Eighteenth-Century Senegal', in N. J., Hafkin, et E. G., Bay, éd., *Women in Africa*, Stanford, Stanford University Press, pp. 19-44.

Cariou, P., 1966, *Promenade à Gorée*, manuscrit inédit.

Cohen, D.W., et Odhiambo, E.S.A., 1989, Siaya, *The Historical Anthropology of an African Landscape*, Athens, Ohio University Press.

Corbeil, R., *et al.*, 1948, « Préhistoire et Protohistoire de la presqu'île du Cap Vert et de l'extrême ouest sénégalais », *BIFAN*, tome X, pp. 378-460.

Curtin, Ph., 1975, *Economic Change in Precolonial Africa. Senegambia in the Era of the Slave Trade*, Madison, The University of Wisconsin Press.

Curtin, Ph., 1969, *The atlantic slave trade : A census*, Madison, The University of Wisconsin Press.

Delcourt, A., 1952, *La France et les établissements français au Sénégal entre 1713 et 1763*, Dakar, Mémoires de l'IFAN, N° 17.

Delcourt, J., 1982, *La turbulente histoire de Gorée*, Dakar, Clairafrique.

Demanet, A., 1767, *Nouvelle Histoire de l'Afrique Française*, 2 vols, Paris, Lacombe.

Descamps, C., 1982, *Notes sur l'archéologie et l'histoire des îles de la Madeleine. Recherches scientifiques dans les parcs nationaux du Sénégal*, Dakar, Mémoires de l'IFAN, 92, pp. 51-66.

Diouf, M., 1997, « Assimilation et identités religieuses de la civilité des originaires des Quatre Communes du Sénégal », in C., Becker *et al.*, éds., *AOF : Réalités héritages. Sociétés ouest-africaines et ordre colonial, 1895-1960*, Dakar, Direction des Archives du Sénégal, pp. 837-850.

Foucault, M., 1980, *Power/Knowledge : Selected Interviews and Other Writings*, Brighton-Sussex, Harvestor Press.

Gaffiot, R., 1933, *Gorée : Capitale Déchue*, Paris, L. Fournier, Coll. de l'Ancre.

Golbéry, S.M.X., 1802, *Fragments d'un voyage fait en Afrique pendant les années 1785, 1786, 1787*, 2 vols, Paris, Wurtz.

Hall, M., 1999, 'Subaltern voices ? Finding the spaces between things and words', in P. P. A. Funari, *et al.*, ed., *Historical Archaeology Back from the edge*, London et New York, Routledge, pp. 193-203.

Hall, M., 1992, 'Small things and the mobile, conflictual fusion of power, fear, and desire', in A.E.Yentsch, et Beaudry, M.C., *The Art and Mystery of Historical Archaeology, Essays in honor of James Deetz*, Boca Raton, Ann Arbor, London, Tokyo, CRC Press, pp. 373-99.

Hinchman, M., 2006, 'House and Household on Goree, Senegal', 1758-1837, *JSAH*, 65 (2), pp. 66-187.

Hinchman, M., 2000, *African Rococo : House and portrait in eighteenth-century Senegal*, Ph.d. Dissertation, 2 vols, Chicago, Department of art history, the University of Chicago.

Idowu, O., 1968, 'Assimilation in 19th century Senegal', *BIFAN*, série B, T 30 (4), pp. 1422-1447.

Klein, M., 1998, *Slavery and colonial rule in French West Africa*, Cambridge, Cambridge University Press.

Klein, M.A., 1989, 'Studying the history of those who would rather forget : oral history and the experience of slavery', *History in Africa* 16, pp. 209-217.

Knight-Baylac, M.H., 1977, « Gorée au XVIII siècle : l'appropriation du sol », *Revue Française d'Histoire d'Outre-Mer*, t. LXIV, N° 234, pp. 33-59.

Knight-Baylac, M.H., 1970, « La vie à Gorée de 1677 à 1789 », *Revue Française d'Histoire d'Outre-Mer*, t. LVII, N° 209, pp. 377-420.

Lamiral, M., 1791, *Mémoire sur le Sénégal*, Paris, Imp. du Postillon.

Lien, V., 2003, *Het Slaveneiland, Gorée: een archeozoölogische studie van material uit de pre-en post-18ᵉ eeuw*. Verhandeling ingediend tot het behalen van de graad van licentiaat in de Biologie. Katholieke Universiteit te Leuven : Faculteit Wetenschappen, Departement Biologie.

Mark, P., 2002, *"Portuguese" Style and Luso-African Identity. Precolonial Senegambia, Sixteenth-Nineteenth Centuries*, Bloomington and Indianapolis, Indiana University Press.

Mauny, R., 1946, « Du nouveau sur les poteries minuscules du Cap Vert », *Notes Africaines*, 32, pp. 16-18.

Metcalf, G., 1987, 'A microcosm of why Africans sold slaves: Akan consumption patterns in the 1770s', *Journal of African History*, 28, pp. 377-394.

Monod, Th., 1944, « Petites poteries jumelles de Ouakam », *Notes Africaines*, 22 : 10.

Nora, P., 1984, *Les lieux de mémoire*, Paris, Gallimard.

Rodrigues, I. P.B.F, 2003, 'Islands of sexuality : Theories and histories of creolozation in Cape Verde', *International Journal of African Historical Studies*, Vol. 36 (1), pp. 83-103.

Roux, E., 1996, « Le Mythe de la Maison des esclaves résiste à la réalité », *Le Monde*, 27 Décembre.

Samb, D., 1997, éd., « Gorée et l'esclavage », Actes du Séminaire sur *Gorée dans la traite Atlantique : mythes et réalités* (Gorée, 7-8 avril 1997), Dakar, Initiations et Etudes Africaines N° 8.

Searing, J.F., 1993, *West african slavery and Atlantic commerce. The Senegal River valley*, 1700-1860, Cambridge, Cambridge University Press.

Seck, A., 1970, *Dakar : Métropole ouest-africaine*, Dakar, Mémoire de l'IFAN, No 85.

Stahl, A. B., 2001, *Making history in Banda. Anthropological visions of Africa's Past*, Cambridge, Cambridge University Press.

Stahl, A. *et al.*, 2004, 'Writing for many : Interdisciplinary communication, constructionism, and the practices of writing', *Historical Archaeology*, 38 (2), pp. 83-102.

Stoler, A.L., 2002, *Carnal knowledge and imperial power : race and the intimate colonial rule*, Berkeley, Los Angeles et London, University of California Press.

Thiaw, I., 2008, 'Every house has a story : the archaeology of Goree Island, Senegal', Presented at the Sephis south-south workshop on the trans-atlantic construction of the notions of "race", 'black culture, blackness and antiracism', in L. Sansone *et al.* ed. *Africa, Brazil and the construction of Trans-Atlantic black identities* : Africa World Press.

Thiaw, I., 2007, 'Slaves without shackles : an archaeology of everyday life on Goree island', Workshop on *Archaeological and Historical Dimensions of Slavery in East and West Africa in Comparative Perspective*, London, BIEA and UCL, March 24-26, 2007.

Thiaw, I., 2006, 'The archaeology of the memories of the Atlantic Slave trade on Goree island, Senegal', Workshop on *African and african diasporic knowledges*, University of Cape Town, October 23–25, 2006.

Thiaw, I., 2003, 'The Goree Archaeological Project (GAP) : Preliminary results', *Nyame Akuma* 60, pp. 27-35.

Thiaw, I., 1999, *An archaeological investigation of long-term change in the Lower Falemme (Upper Senegal region) A.D. 500-1900 '*, Ph.d. Dissertation, Houston, Department of Anthropology, Rice University.

Thilmans, G., 1997, « Puits et captiveries à Gorée aux XVII et XVIIIe siècles », in Samb D. éd. *Gorée et l'esclavage. Actes du Séminaire sur Gorée dans la traite Atlantique : mythes et réalités*, IFAN-Dakar, *Initiations et Etudes Africaines* N° 8, pp. 108-125.

Thilmans, G., et Moraes, N.I., 1973, « La "Gouvernante" de Rufisque (1664-1697) », *Notes Africaines*, 138, pp. 36-39.

Thomas, H., 1991, *Entangled Objects. Exchange, material culture, and colonialism in the Pacific*, Cambridge, Massachussets, London, Harward University Press.

Toupet, C., 1957, « Gorée, jadis et aujourd'hui », *Notes Africaines*, N° 75, pp. 85-92.

Trouillot, M.R., 1995, *Silencing the past. Power and the production of history*, Boston, Beacon Press.

Wolf, E., 1982, *Europe and the people without history*, Berkeley, University of California Press.

Wylie, A., 1995, 'Alternative Histories. Epistemic Disunity and Political Integrity ', in P. Schmidt et T.C. Patterson, *Making Alternatives Histories. The Practice of Archaeology and History in Non-Western Settings*, Sante Fe, School of American Research Press, pp. 255-273.

Zurara, D. E., 1960, *Chronique de Guinée*, Dakar, *Mémoire de l'IFAN* , N° 60.

3

Culture matérielle céramique et identités en pays Fogny (Casamance-Gambie)

Moustapha Sall

Introduction

Cette étude vise à analyser la dynamique culturelle des populations qui occupent ou qui auraient occupé la zone du Fogny. Par le biais d'enquêtes ethnoarchéologiques et de prospections archéologiques, l'objectif est d'étudier les expressions matérielles des identités et de cerner leur évolution.

Depuis trois décennies, le Sénégal moderne connaît une profonde instabilité dans sa partie sud, à savoir la région naturelle de la Casamance. Une simple lecture des foyers de tensions montre que deux zones historiques (Fogny et Kassa) situées en Basse Casamance et jusqu'en Gambie (pour la première) se placent à la tête de ces revendications avec, comme argumentaire, un particularisme régional et une singularité culturelle de ses habitants.

Cette thèse, au-delà de son caractère politique, a le mérite de poser le problème relatif au degré de connaissances des populations qui occupent ou qui auraient occupé cette région. Que sait-on de l'histoire du peuplement de cette région ? Quel est le processus d'occupation de la région ? Sommes-nous en mesure d'identifier ces premières traces d'occupation ? Dispose-t-on d'une séquence chronologique précise permettant de situer temporellement cette occupation ? Quels sont les traits culturels de ces anciennes populations ? Ces représentations et expressions culturelles des identités ont-elles changé au cours de leur histoire et des contacts ? Les premiers occupants de cette région ont-elles noué des contacts avec d'autres zones ?

Les premières recherches archéologiques menées ont permis de déceler les traces des premiers habitants dans ces zones, à travers quatre phases d'occupation qui s'étendent sur XIX siècles (de Sapir 1971). L'interprétation culturelle de ces phases suggère qu'à partir de 200 AD (IIIe siècle), des groupes présentant des analogies avec les actuelles populations Diola se seraient établies dans la zone. Ils auraient introduit la récolte des mollusques et la culture irriguée du riz, en gagnant des terres sur la mangrove. Les mêmes pratiques auraient continué jusqu'à 1500 AD (XVIe siècle), période à partir de laquelle on note l'introduction du porc et du chien, ainsi que la présence de plusieurs objets cultuels (petites poteries), utilisés par les actuels serviteurs des fétiches ou *buwinko* (de Sapir 1992).

Bien qu'elles soient intéressantes, ces conclusions archéologiques ne sont soumises à aucune critique. La raison en est que de telles études font défaut. Il s'y ajoute que les informations ont aussi tendance à considérer que les ancêtres des actuels groupes Diola auraient constitué le peuplement le plus important de cette zone.

Cette hypothèse contraste avec les données de la tradition orale et des documents écrits qui considèrent que les populations les plus anciennement établies dans le Fogny appartiendraient au groupe Baynouk (Becker 1985 ; de Lespinay 2000 ; Girard 1993 ; Gravrand 1983). La zone historique du Fogny et certains villages (Bintang et Brefet), de par leur position stratégique (zone de contact entre la Basse vallée du fleuve Gambie et la fertile Casamance), auraient constitué des lieux de doubles contacts culturels entre les Baynouk et d'autres populations sénégambiennes (Manding, Diola), d'une part, et d'autre part, entre les Baynouk et les commerçants luso-africains et portugais.

Cependant, malgré ces références, l'histoire de ces anciennes populations et leurs zones d'occupation et de rayonnement n'ont pas fait l'objet d'une étude approfondie (Buhnen 1992, Cissoko 1981, Mark 2002, 2000, 1992), la majorité des chercheurs se contentant de dire que certains espaces portent leurs empreintes linguistiques, culturelles, politiques et économiques.

Ces connaissances ne sont pas nouvelles, mais le principal problème est la reconstitution et l'évaluation de ces contacts dans certains anciens grands centres Fogny (Brefet, Bintang) et leurs environs et aussi leurs conséquences sur l'évolution des identités des populations qui occupaient cette zone. S'il ne fait aucun doute que les populations implantées sur la façade atlantique ont entretenu un certain nombre de relations à différentes périodes, nous en ignorons toujours la nature exacte. Plusieurs zones d'ombre subsistent concernant les influences que ces populations autochtones auraient subies et/ou exercées au cours de leurs contacts avec les Manding, d'une part, et avec les Européens, d'autre part. Quelques études ont montré que l'architecture et quelques objets culinaires, utilisés par certaines composantes Baynouk résidant dans des anciens centres commerciaux et leurs environs, reflètent des influences portugaises relatives à l'identité sociale (Mark 2002).

La seule méthodologie, basée sur le recueil des traditions villageoises et l'exploitation des documents écrits, n'a pas permis d'élucider la complexité de la longue évolution de l'histoire du peuplement et des identités dans cette région, d'où la nécessité de recourir à d'autres sources alternatives par le biais de recherches ethnoarchéologiques et archéologiques.

A travers cet article, l'objectif est de rassembler tous les éléments culturels, soit l'ensemble des informations contenues dans les objets de la culture matérielle céramique afin de mieux cerner comment les populations se sont édifiées dans une dynamique résultant des interactions culturelles et sociales.

Choix de la zone d'étude

Une revue critique des études archéologiques portant sur le passé des populations du Sénégal montre que la longue histoire de la région historique du Fogny, qui occupe une place très importante dans la problématique anthropologique de la sous-région, est restée mal connue, notamment pendant sa période précoloniale. La région naturelle de la Casamance n'a connu qu'une seule recherche dans ce domaine, ce qui justifie ce choix.

La zone d'étude concerne principalement le Fogny, qui coïncide aujourd'hui avec une partie du Département de Bignona (Casamance), et est limitée au sud par le fleuve Casamance, à l'est par le Kalounaye et à l'ouest par le Blouf (Bliss Karones) et le territoire des Djougoutes (Figure 1).

Figure 1 : Fogny « Casamançais » et lieux d'enquêtes

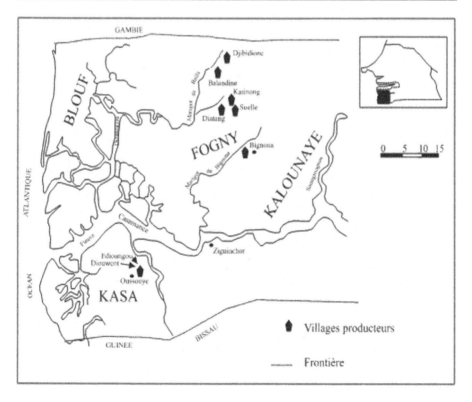

Son extension se poursuit au nord, dans la Gambie actuelle, et couvre la Western Division (en fait il s'agit de l'historique Fogny divisé par la colonisation franco-anglaise).

Dans le Fogny 'Gambien', la désignation de cette aire est toujours suivie d'une référence à un ancien territoire. C'est le cas, entre autres, du Fogny Brefet, du Fogny Bintang, du Fogny Kansala, du Fogny Bondali, etc. (Figure 2).

Figure 2 : Fogny « Gambien » et sites prospectés

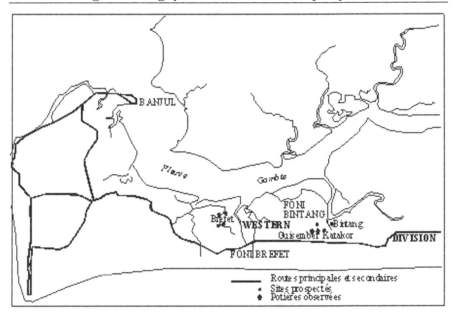

Cette vaste zone est aujourd'hui peuplée en majorité de Diola Fogny (côté casamançais) et Soocé (côté gambien). Ces derniers y cohabitent avec d'autres se réclamant Baynouk, avec quelques Peul et Sereer (principalement en Gambie).

Données ethnoarchéologiques

Entre décembre 2005 et mars 2006, nous avons entrepris des prospections archéologiques sur des anciens sites d'habitats. Ces récoltes complètent les enquêtes et observations ethnographiques effectuées auprès des populations du Fogny 'casamançais'.

Les enquêtes visaient à récolter des données ethnoarchéologiques relatives au travail de la poterie et de ses rapports avec les identités des populations actuelles.

Données socioculturelles

Le travail de la poterie est essentiellement l'apanage des femmes qui revendiquent une identité Diola Fogny. Chez les Diola, qui forment des sociétés caractérisées par une absence d'autorité centralisée et d'un système des castes, l'origine des artisans se confond avec celle de leurs sous-groupes. Considérés comme des personnes socialement utiles, ils ne font l'objet ni d'un rejet ni d'une crainte. Cependant, dans quelques villages (Diatang et Suelle), il existe des artisans appartenant à un groupe jouissant d'un statut particulier. Il s'agit d'une catégorie de femmes (les *Kañaalen*) qui, en raison de leur stérilité ou du fait qu'elles ont tendance à perdre leurs bébés, sont transférées du domaine conjugal vers une autre famille habitant un autre quartier ou un autre village. Dans les localités d'accueil, elles sont confiées soit au chef de village, soit à des associations d'hommes ou de femmes, qui sont chargés de les protéger et de les aider à guérir de la malédiction qui les poursuit. En contrepartie, les *Kañaalen* doivent exécuter toutes les tâches qui leur sont dévolues. C'est dans ce cadre qu'elles sont tenues, entre autres tâches ménagères et d'animations folkloriques, de se livrer au travail de la poterie.

Au Fogny 'casamançais', les potières sont désignées par le terme "*katep*",[1] qui signifie '*celui qui construit*'. En revanche, dans la partie gambienne, le terme *Alamouta* est utilisé pour désigner les trois potières qui pourtant se disent être des Diola Fogny (2) et d'origine Baynouk.[2]

- *Organisation du travail* : selon un calendrier bien défini, le travail de la poterie s'effectue en saison sèche, après les récoltes et l'ensilage du riz, soit pendant le *Furantaraf* (période de fabrication des poteries), qui se situe entre le *Kuwaajeenak* (les récoltes) et le *Karinaak* (débroussaillage des rizières).

- *Division du travail et acquisition du savoir-faire* : dans ce système ouvert, chaque individu a la possibilité de s'adonner au métier en intégrant un atelier, à l'intérieur duquel il existe une division du travail entre les maîtresses-potières[3] et leurs apprenties.[4] L'intérêt de cette association en ateliers réside dans le fait qu'elle contribue à la conservation et à l'homogénéisation de la tradition et des techniques potières.

En ce qui concerne les filières de transmission du savoir-faire, la plupart des maîtresses (26) ont acquis leurs connaissances auprès d'un membre de la famille nucléaire élargie (mère, sœur, nièce et tante) ou de la famille par alliance (belle-mère, coépouse, sœur par alliance, tante).

Dans le Fogny 'gambien', les deux femmes sont originaires du village producteur, alors que l'autre vient de Brefet. Elles auraient appris le travail auprès de la famille par alliance (2) et de la mère. Le savoir-faire dans cet atelier proviendrait de la mère de l'actuelle doyenne qui l'aurait acquis auprès des potières Soocé de Thiaam. Celle-ci aurait suivi son père (marabout) au Pakao (zone Manding couvrant aujourd'hui le Département de Sédhiou en Moyenne Casamance). C'est dans cette contrée qu'elle aurait acquis les connaissances transmises à sa fille une fois de retour à Guisember (Fogny Bintang).

Données technologiques

Les informations recueillies concernent la chaîne opératoire qui va de la collecte et de la préparation des matières premières (argile et dégraissants) à l'obtention d'un produit fini.

Matières premières utilisées : dans le Fogny 'casamançais', les 21 ateliers prélèvent leurs argiles à partir de sept sources situées sur les berges du marigot de Baïla et dans les îlots formés par ses multiples bras.

L'argile ainsi récoltée et gardée à l'état humide est ensuite mélangée (par pilonnage) avec un dégraissant constitué par une association d'argile cuite (*koutolac*) et de chamotte (*oudioudiaou*). Dans le Fogny gambien, la matière prélevée en profondeur dans les rizières asséchées (*Faro*) est humectée la veille avant d'être associée (par pétrissage) avec de la chamotte (*Ténaw*).

Techniques de façonnage : dans le Fogny casamançais, la technique d'ébauchage la plus utilisée est celle des colombins écrasés, forme conique à fond plat. L'ébauchage débute par l'écrasement latéral d'un colombin sur la paume de la main, qui est maintenue cette fois-ci de manière horizontale; puis, d'autres colombins de la même longueur sont utilisés pour le compléter. Après environ cinq tours de superposition, l'ébauche (environ 7 cm de haut) ainsi obtenue est de forme conique ayant un fond légèrement aplati (dimension de la paume de la main de l'artisan). Ensuite, la potière Joola Fogny pose l'ébauche sur le support placé entre ses jambes et efface les marques de jointure en se servant de son index replié (ou le bout de celui-ci), en un mouvement de haut en bas et de gauche à droite.

Il s'ensuit un montage aux colombins écrasés. La dernière action consiste à masquer les lignes de jointure avec l'index replié et à lisser l'intérieur de l'ébauche (qui atteint une hauteur d'environ 15 cm) avec une estèque. La succession de ces actions (pose de colombins, préformage) est reconduite pendant le façonnage de la partie supérieure (panse) et, selon les cas, pour le col et le goulot.

En revanche, dans la partie gambienne, une autre technique de moulage colombins superposés sur un support-moule a été observée. Celle-ci débute par un écrasement latéral de colombins qui sont moulés au fur et à mesure sur un support-moule. Après plusieurs superpositions suivies d'un raclage pour faire épouser les contours en vue d'ébaucher le fond, il s'ensuit une utilisation successive de colombins pour compléter l'ébauche et façonner la panse, entrecoupée par des actions de préformage à l'aide d'une estèque. Le profilage de la lèvre s'effectue par un sectionnement de la pâte suivi d'un lissage avec des feuilles humides. Après un séchage, les pots sont soumis au feu dans des foyers simples (à l'air libre) aménagés derrière la concession qui abrite l'atelier.

Décoration : les potières du Fogny 'casamançais' décorent leurs pots en se servant d'une cordelette en fibre de rônier tressée, d'un peigne et d'une argile jaune (comme engobe et peinture). Le premier outil permet d'obtenir des impressions dont les motifs, localisés entre l'épaule et l'ouverture des récipients, sont de fines ondulations subparallèles et obliques et des ondulations en vague. En revanche, le peigne permet de tracer des motifs en sillons horizontaux et peu profonds. Un autre motif décoratif observé est constitué d'un engobe obtenu à partir d'une solution d'argile jaune diluée dans beaucoup d'eau. Le dernier motif est tracé avec de la peinture fabriquée à partir de la même argile jaune. Cependant, les motifs peints appliqués sur les décors imprimés n'obéissent à aucune logique ; les potières tracent ce qui leur passe par la tête. Selon elles, la peinture ne se faisait pas traditionnellement et elles l'appliquent uniquement dans le but d'embellir leurs produits et d'attirer ainsi la clientèle.

Cuisson : au Fogny, cette action s'effectue dans des dépressions (*Foubolof*) dans lesquelles le combustible et les récipients sont minutieusement arrangés par superposition.

Types de pots produits

Dans le Fogny 'gambien', la variété des pots qui y était produite n'a pas fait l'objet de collecte. Toutefois, les informations recueillies auprès des potières qui ont fait la démonstration révèlent que des poteries destinées à la cuisson (couscoussiers, etc.) et au stockage de l'eau (grandes jarres pourvues d'un col) y étaient fabriquées.

En revanche dans le Fogny 'casamançais', les potières Diola produisent un large éventail de poteries qui se singularise par la diversité des fonctions attribuées à un même récipient.

Ainsi, les récipients liés à la cuisson (les *Djibrigaï*) regroupent plusieurs types en relation avec la nature de l'aliment à cuire et le nombre de personnes à sustenter. Elles distinguent le *Djitomp* ou *Djiroune* (petit récipient ouvert de 10 cm, utilisé dans les rizières pour la cuisson d'une ration de riz destinée à une personne) ; l'*Ebrigaï* (récipient ouvert de 13 cm, utilisé soit dans les rizières, soit dans les concessions pour préparer un repas pour deux à trois personnes) ; les *Djibrigaï* (de grandes dimensions, utilisés pour chauffer de l'eau (destinée aux femmes qui viennent d'accoucher) ou pour préparer des racines médicamenteuses) ; le *Kañinting/Kasigil* (destiné à la cuisson à la vapeur de la farine de mil ou de riz).

La deuxième catégorie de *Djibrigaï* (qui sont des récipients fermés) est destinée à la cuisson de la sauce (ingrédients). La taille varie en fonction du nombre de personnes à nourrir (Figure 3).

Figure 3 : Les différentes fonctions de poteries produites en milieu Fogny

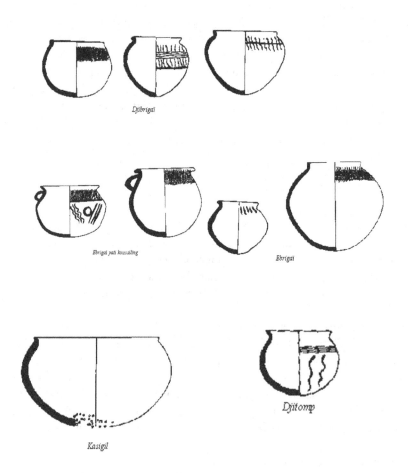

La dernière catégorie (figure 4) est celle des récipients liés à l'usage de l'eau et re-groupe l'Erumbeï (récipient fermé, avec une ouverture variant de 9 à 12 cm pour un diamètre maximal de 20 à 40 cm, et utilisé pour transporter l'eau du puits vers les concessions ou les rizières et est aussi utilisé pour la fermentation du Bunkaayab ou comme silo, ou encore pour conserver le miel) ; le Karumbaak (récipient fermé de forme sphérique, avec des dimensions comprises entre 31 et 37 cm de hauteur et 40 cm de diamètre de panse, destiné à la conservation de l'eau dans les concessions) ;

le Fuulam (récipient fermé de forme sphérique, mesurant entre 37 et 41 cm de haut et 40 cm de diamètre de panse, et destiné au stockage de l'eau dans les concessions ; l'utilisation de ce récipient à col serait très récente dans la région) ; l'Ebutalaay (gargoulette à double bec-verseur et une seule anse, ce récipient a des dimensions comprises entre 24 cm de hauteur et 26 cm de diamètre maximal de la panse ; il est utilisé pour transporter l'eau des concessions vers les champs ou pour la conserver à domicile) ; l'Ewangaay (récipient fermé de forme sphérique dont les dimensions sont comprises entre 38 et 54 cm de hauteur et 59 à 80 cm de diamètre de panse qui permet de stocker de grandes quantités d'eau dans les grandes concessions et qui est fréquemment utilisé pendant les fêtes et cérémonies d'initiation qui connaissent une très grande affluence, et aussi pour le trempage des racines utilisées pour la préparation du Bunkaayab) (Figure 4).

Figure 4 : Récipients liés à l'usage de l'eau en milieu Fogny

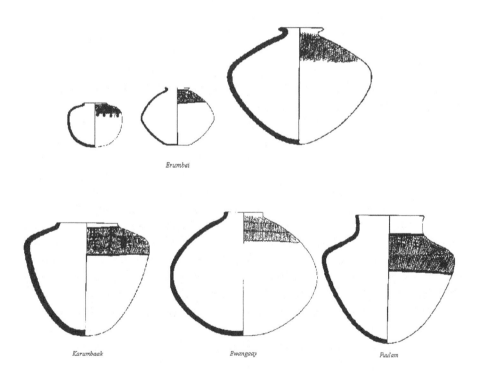

Erumbeï

Karumbaak   Ewangaay   Fuulam

Discussion

L'analyse des données ethnoarchéologiques récoltées dans le Fogny montre que sur le plan social la majeure partie des potières revendiquent une identité Diola Fogny, à l'exception d'une seule qui se réclame d'origine Baynouk. Cependant, dans le Fogny 'gambien', le terme *(Alamouta)* utilisé pour les désigner montre nettement une forte influence de la langue Manding. Le même constat vaut aussi pour la désignation de la chamotte *(Ténaw)*. En ce qui concerne les comportements techniques, les potières utilisent de la chamotte pour dégraisser leurs pâtes (celles habitant le Fogny casamançais adoptent un rituel en y adjoignant de l'argile cuite). Cependant, à la différence des potières du Fogny casamançais, qui utilisent le colombinage pour fabriquer tous leurs pots, leurs voisines se servent d'une technique mixte alliant le colombinage et le moulage, à travers un moulage de colombins superposés sur un support-moule.

Ce comportement est intéressant à plus d'un titre. En effet, des études ont montré que le colombinage est utilisé au Sud et au Centre-ouest du Sénégal par les potières Diola Fogny, Diola Kassa et Sereer (Sall 1998, 2001, 2005), tandis que le moulage est associé aux populations Soninké au Nord-Est (Guèye 1998 ; Gelbert 2000), Soocé au Sud (Thiam 1991) et Manding depuis le Mali (Frank 1993, 1998 ; Gallay 1992, Gallay *et al.* 1994 ; La Violette 1995 ; Niakaté 1946 ; Rimbault 1980 ; Virot 1994) en passant par la Guinée (Appiat-Dabit 1941 ; Corbeil 1946). Ainsi, si l'on considère que la première technique fut diffusée dans la zone par des Diola Fogny et que la deuxième serait liée aux populations d'origine manding (Soocé, Soninké), il est probable qu'il existe au sein de cet atelier un métissage technique. Celui-ci, consistant à écraser des colombins à l'intérieur d'un moule, traduit bien les interactions identitaires des personnes qui l'utilisent et la filière d'acquisition du savoir.

Bien que ses données soient importantes, le problème qui se pose est lié à leur profondeur historique. Les trois éléments-clés (dégraissant, technique d'ébauchage et décors) identifiés dans le contexte ethnoarchéologique peuvent-ils être mis en rapport avec ceux fournis par les recherches archéologiques ? Avant de répondre à cette question, voyons les artéfacts récoltés lors des prospections.

Données archéologiques

L'unique chronologie de référence disponible pour cette aire a été fournie par De Sapir (1971) qui a effectué les seules fouilles archéologiques réalisées en Basse Casamance. Cependant, l'essentiel de ces recherches ont intéressé uniquement cette région. Ainsi, pour identifier les traces des anciennes occupations dans le Fogny 'gambien', une dizaine de sites coïncidant avec des anciens lieux d'habitation et un village actuel situés dans le Fogny Bintang (Katakor, Kanaw et Bintang) et le Fogny Brefet (Brefet) ont été prospectés[5] (Figure 5). Sur chaque site identifié, des ramassages de surface ont été effectués et les informations (nom du site, localisation, liens avec un village existant ou disparu, type de vestiges et fréquence) reportées sur des fiches d'enregistrement créées à cet effet.

Figure 5 : Localisation des villages enquêtés et sites prospectés

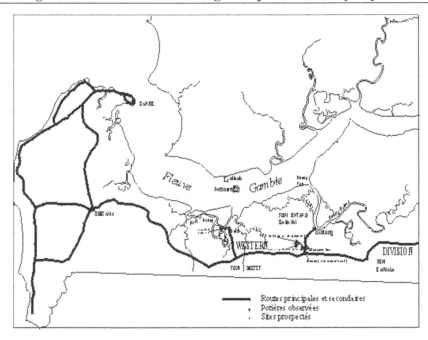

Bintang

Le village de Bintang est situé dans l'actuelle région administrative de la Western Division et dans la zone historique du Fogny Bintang. Sa partie nord s'ouvre directement sur le *Bintang Bolon* qui est un affluent du fleuve Gambie. Le village est actuellement occupé de manière homogène par des populations Soocé qui se regroupent dans de grandes concessions. C'est dans une arrière-cour de ces concessions située en face du cours d'eau que les ramassages ont été effectués sur une surface de 18 m de long et 14 m de large. Le site est très perturbé, car servant de dépotoir et portant les traces des travaux agricoles.

En ce qui concerne la céramique, l'échantillon est faible, car le décompte statistique fait ressortir une présence de 91 tessons (48 bords et 43 tessons de paroi). L'analyse technologique, faite après une cassure fraîche sur un échantillon de 40 tessons (20 bords et 20 parois), a montré que l'ensemble des tessons était dégraissé avec du calcaire et se particularise par la blancheur des pâtes. En ce qui concerne les techniques de façonnage, l'examen des macrotraces n'a pas permis de déterminer le mode utilisé. En revanche, l'analyse morpho-fonctionnelle faite sur les bords montre des profils plats, éversés, incurvés et éversés, avec des pots qui sont essentiellement ouverts. L'essentiel des tessons comporte une combinaison simple avec des décors imprimés, digités, incisés et engobés. Les parties supérieures (épaule ou parois) d'autres bords combinent une superposition de deux motifs incisés (tirets verticaux superposés sur de fins sillons horizontaux), de sillons horizontaux superposés sur des impressions à la cordelette (n =2), de lignes horizontales sur des impressions (n=1). Une combinaison par superposition de 3 motifs (lignes horizontales et tirets verticaux sur impressions à la cordelette) a été observée sur un autre bord.

Le même constat vaut pour les tessons de paroi (n = 43), l'essentiel de la décoration est composé de ponctuations, d'impressions à la cordelette, de perforation. D'autres ont des motifs complexes, car combinant par juxtaposition des ponctuations et des impressions et par superposition de lignes horizontales espacées sur des impressions à la cordelette et de larges et profonds tirets verticaux sur un profond sillon horizontal. Les cinq autres tessons restant sont uniquement engobés. Enfin, trois fragments de tuile complètent la série de terre cuite ramassée (Figures 6, 7).

Figure 6 : Fréquence des décors sur les bords

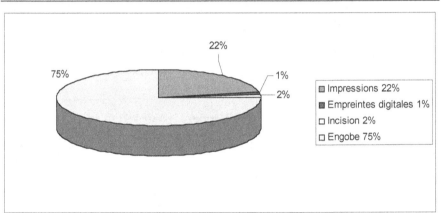

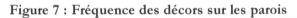

Figure 7 : Fréquence des décors sur les parois

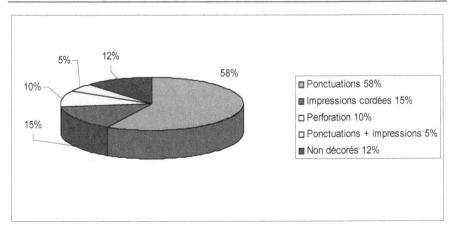

Kanaaw

Dans la même région administrative et historique, sur le tronçon de piste qui relie Bintang à la route nationale, se trouve le village déserté de Kanaaw. Ce site est situé à environ 2 km du village de Guisember. Abandonné à une date non précise pour les actuels habitants de Guisember, le site de Kanaaw est localisé dans une zone plate et peuplée de baobabs, de manguiers et de palmiers. A côté du site, nous avons noté la présence de restes d'un amas coquillier. Très perturbé, il est maintenant utilisé à des fins agricoles, notamment pour la culture du mil qui a entraîné une dispersion et un enfouissement des différents artéfacts.

Les matériaux récoltés, dans un périmètre de 20 m de long sur 15 m de large, sont caractérisés par des tessons de poteries, des débris de verre et deux outils en fer. Les dix sept tessons récoltés (dont 3 bords avec des lèvres éversées et convexes) ont une pâte blanchâtre et dégraissée au calcaire. En ce qui concerne la décoration, cinq tessons de paroi comportent des ponctuations, deux autres sont incisés, un autre combine par juxtaposition des impressions à la cordelette et des ponctuations. Cinq autres tessons sont non décorés. Les tessons de verre représentent des fonds de bouteille, alors que les outils en fer sont des vestiges aratoires (houes).

Katakor

Katakor est un village abandonné avec deux sites (un site d'habitat et un amas coquillier) :

L'amas coquillier : il mesure 14 m de long et 12 m de large et est localisé à environ 4 km au nord-est de l'actuel village de Guisember. Les matériaux ramassés en surface sont constitués essentiellement de tessons de poterie (93 tessons dont 14 bords), de quelques débris de verre et d'un reste de fer. L'analyse des bords a montré des profils éversés, incurvés, convexes et plats. Ces bords sont façonnés à partir d'une pâte blanchâtre dégraissée au calcaire. Certains comportent des impressions sur la lèvre (n = 2) et sur la partie supérieure (n =1). D'autres ont des incisions (bandes de sillons horizontaux) au niveau de l'épaule, des tirets verticaux superposés sur une bande de sillons horizontaux et des lignes horizontales espacées superposées sur des impressions à la cordelette. Quant aux tessons de paroi, en plus de l'utilisation du dégraissant coquillier et d'une pâte blanchâtre, ils sont dans leur majorité décorés avec des ponctuations, des impressions à la cordelette et des sillons horizontaux superposés sur des impressions. Les autres sont non décorés ou érodés (Figure 8).

L'ancien site d'habitat : la seconde récolte a été effectuée sur une surface de 14 m/ 12 m de l'ancien site d'habitat et est composée de cinquante six tessons (dont 6 bords aux lèvres plates). L'ensemble de ces tessons est de couleur rougeâtre et leur pâte (de même couleur) a été dégraissée à la chamotte. L'autre caractéristique fondamentale de ce site d'habitat est l'absence de décor.

Figure 8 : Fréquence des décors sur les parois à Katakor

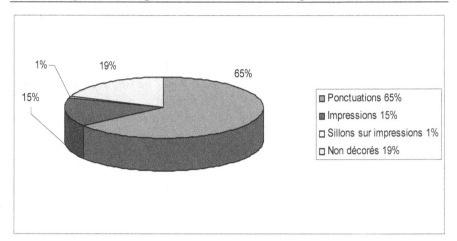

▣ Ponctuations 65%	
▣ Impressions 15%	
▢ Sillons sur impressions 1%	
▢ Non décorés 19%	

Brefet

Bien qu'étant situé dans la même région administrative de la Western Division, le village de Brefet fut la capitale de la zone historique du Fogny Brefet. Implanté dans les environs du Bulok Bolong (affluent du fleuve Gambie), l'actuel village de Brefet résulterait d'une quatrième occupation. Celle-ci, aurait débuté à Brifiti (une île située au milieu du Bulok Bolong) en passant par l'ancien Brefet (ou *Marko*). En fonction de l'étendue du site et de l'éparpillement des vestiges, nous avons effectué les récoltes en 5 endroits.

Ainsi, 276 tessons ont été ramassés, en plus de la faïence, des débris de verre (n = 65) et d'un os décoré. En ce qui concerne les tessons de poterie, les 34 bords sont dégraissés soit avec de la chamotte soit avec des coquillages. Ils ont des profils éversés, incurvés, arrondis et convexes et ne comportent aucun décor pour la majeure partie. Les tessons de parois (n = 242) présentent les mêmes caractéristiques sur les plans technologique (chamotte, coquillage) et sémiologique (plusieurs décorations) (Figures 9, 10).

Discussion

Une synthèse de cette description montre des ressemblances et des différences de la céramique récoltée sur les différents sites tant sur les plans technologique que sémiologique[7].

Ainsi, dans le Fogny Bintang, au regard des données, il est possible d'avancer l'hypothèse de l'existence de deux choix techno-culturels. Le premier couvre les sites de Bintang, Kanaaw et Katakor 1 (amas coquillier). Dans ces sites, il est noté une certaine homogénéité caractérisée par une utilisation d'un matériau calcaire pour dégraisser des pâtes qui, à l'aspect final, sont de couleur blanchâtre.

Figure 9 : Fréquence des décors de bords à Brefet

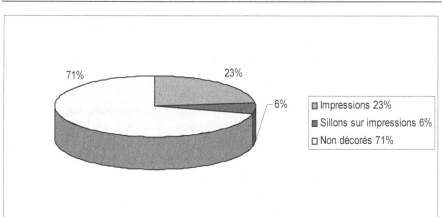

Figure 10 : Fréquence des décors sur les parois à Brefet

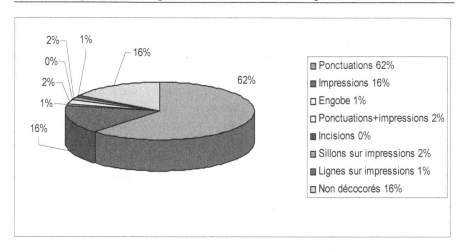

Il en est de même avec l'utilisation des décors qui sont obtenus par roulement d'un coquillage (*tympatonus fuscatus*) sur la surface des pots afin d'imprimer des motifs ponctués caractérisés par une succession de lignes de points réguliers résultant de l'empreinte de l'outil. Ces motifs sont les plus représentatifs de l'ensemble des tessons récoltés sur les différents sites susmentionnés. Ils sont suivis en importance par des décors imprimés à l'aide d'une roulette tressée. Dans cette zone, une autre technique est utilisée dans des proportions moindres. Il s'agit du traçage à l'aide d'un peigne afin de créer des bandes de sillons horizontaux. L'autre constat est lié au fait qu'une autre pratique a constitué à associer par juxtaposition des ponctuations et des impressions sur certains pots au niveau de leurs parois ou à superposer des motifs créés à l'aide d'un peigne sur des impressions.

Le second choix se retrouve dans le site d'habitat de Katakor (localisé à une cinquantaine de mètres de l'amas). Il se singularise par la couleur rougeâtre de ses tessons, par l'utilisation de la chamotte comme dégraissant et aussi par l'absence de décor.

Ces choix énumérés ci-dessus ne se retrouvent pas dans le Fogny Brefet (cinq lieux de récolte dans l'ancien village de Brefet) où trois autres existent. Le premier est caractérisé par des tessons dégraissés soit avec de la chamotte, soit avec du coquillage et décorés avec des ponctuations et des impressions. Ce choix est caractéristique à *Brefet 1* (situé à l'intérieur du campement touristique, érigé sur une extension d'une ancienne maison portugaise selon les membres de l'association des habitants de Brefet) et *Brefet 2* (situé à l'extérieur du campement, juste derrière les bungalows et le restaurant construits à quelques mètres du *Bulok Bolong*). Le second choix basé sur l'utilisation de la chamotte coïncide avec *Brefet 3* (formé par une petite butte mesurant 15 m de long et 10 m de large et située à environ une centaine de mètres au nord du campement et à une vingtaine de mètres d'un puits qui aurait été creusé par les Portugais).

Le troisième, caractérisé par des tessons ayant une pâte cassante, dégraissée avec de fines particules de chamotte et décorés en majorité avec des ponctuations et des impressions, se retrouve autour des deux derniers lieux *Brefet 4* (localisé à droite avant l'entrée principale du campement) et *Brefet 5* (situé à l'entrée du campement, à gauche de la route en provenance du village habité). Les tessons récoltés dans ces lieux témoignent d'une évolution technologique relative aux traitements plus affinés des matériaux afin d'obtenir une pâte fine. Cette pratique pourrait résulter d'une influence extérieure. En effet, dans le lieu *Brefet 4*, une présence européenne timide a été notée à travers cinq fragments de faïence récoltés. La caractéristique fondamentale de cette céramique étrangère, c'est l'utilisation d'une pâte très fine.

En ce qui concerne les techniques de façonnage, les observations de macrotraces ont permis de déceler certains traits qui suggèrent l'utilisation du colombinage lors du façonnage (lignes de jointure) sur certains tessons récoltés à *Brefet 2*. Pour le reste, aucune indication de la technique utilisée n'a pu être identifiée.

Comme le montre le tableau ci-dessous, les mêmes décors se retrouvent sur tous les sites situés aussi bien dans le Fogny Bintang que dans le Fogny Brefet, sauf pour Katakor1, qui se singularise par l'absence de décor (Figure 11).

Figure 11 : Répartition des choix techno-fonctionnels sur les sites prospectés

Sites	Choix techno-culturels		
	Dégraissant	*Techniques de façonnage*	*Décors*
Bintang	Calcaire, pâte blanchâtre	Non identifiée	Ponctuations, impressions, juxtaposition de ponctuations et d'impressions
Kanaaw	Calcaire, pâte blanchâtre	Non identifiée	Ponctuations, impressions, juxtaposition de ponctuations et d'impressions
Katakor 1(amas coquillier)	Calcaire, pâte blanchâtre	Non identifiée	Ponctuations, impressions, superposition de sillons sur des impressions
Katakor 2 (site d'habitat)	Chamotte, pâte rougeâtre	Non identifiée	Absence de décor
Brefet 1	Chamotte, coquillage	Non identifiée	Ponctuations, impressions, juxtaposition de ponctuations et d'impressions
Brefet 2	Chamotte, coquillage	Colombinage	Ponctuations, impressions, engobe
Brefet 3	Chamotte	Non identifiée	Ponctuations, impressions, juxtaposition de ponctuations et d'impressions
Brefet 4	Chamotte fine, pâte fine et cassante	Non identifiée	Ponctuations, impressions, juxtaposition de ponctuations et d'impressions
Brefet 5	Chamotte fine, pâte fine et cassante	Non identifiée	Ponctuations, impressions, juxtaposition de ponctuations et d'impressions

Toutes ces caractéristiques observées sur les sites des Fogny Bintang et Brefet rendent difficile l'établissement d'une chronologie et soulèvent quelques questions relatives au processus d'occupation et d'abandon de ces sites. La réponse passera nécessairement par des fouilles.

Néanmoins, en raison de la disponibilité des données récoltées dans le Fogny 'casamançais', une première tentative de comparaison pourrait nous aider à avoir un début d'orientation sur la succession de quelques choix techno-culturels.

Analogies entre sites fouillés et sites prospectés

La chronologie établie par De Sapir à partir des fouilles en Basse Casamance, rappelons-le, a permis d'identifier quatre phases d'occupation. La Phase I (200BC-200AD) est caractérisée par l'utilisation de la chamotte comme dégraissant et une prédominance des décors imprimés ou en vague (wavy line). La Phase II (200 AD -700 AD) est celle des impressions à partir d'une cordelette tressée et d'un petit pourcentage de ponctuations. La Phase III (700 AD -1500 AD) constitue une rupture chronologique, avec l'utilisation d'un dégraissant coquillier et une prédominance des ponctuations. Ces deux éléments constituent les critères majeurs de la Phase IV (1500 AD à la période actuelle).

Une première comparaison avec cette chronologie-référence montre que sur le plan technologique, des analogies sont notées entre la pâte de la Phase I et celle des tessons des sites de Katakor 2 (site d'habitat) et de *Brefet 3*. En revanche, les éléments livrés par les sites de Bintang, Kanaaw et Katakor 1 (amas coquillier) ne se retrouvent dans aucune phase. En revanche, leur pâte présente des analogies (dégraissant calcaire, pâte blanche) avec celle des tessons récoltés dans certains sites mégalithiques (Gallay *et al.* 1982 ; Thilmans *et al.* 1982). Cependant, la blancheur des pâtes observée dans ces deux aires soulève deux types d'interprétations d'ordre environnemental et culturel. En effet, des observations ethnoarchéologiques ont montré que l'argile utilisée dans cette zone devient blanchâtre après cuisson. Si ce cas de figure est maintenu, cela voudrait dire que les tessons récoltés dans les sites de Bintang, Kanaaw et Katakor 1 proviennent de poteries autochtones. Le choix culturel se limiterait alors à préférer le calcaire au détriment d'un autre dégraissant tel que la chamotte, un matériau prisé par ceux de Katakor 2 et dont les produits de couleur rouge pourraient résulter d'une argile étrangère.

Sur le plan chronologique, si l'on se réfère à ces comparaisons, on peut avancer l'hypothèse selon laquelle les sites de Katakor 2 (situé dans le Fogny Bintang) et une partie du grand site de Brefet, *Brefet 3*, (Fogny Brefet) seraient plus anciennement occupés que les autres (*Brefet 1* et *2*), tandis que ceux de Bintang, Kanaaw et Katakor 1 (amas coquillier) s'insèrent dans la chronologie des mégalithes (premier à la fin du XVe siècle).

L'autre importante analyse a trait à l'interprétation de De Sapir relative aux dernières phases (III et IV), avec une association très marquée entre dégraissant coquillier et décors ponctués. Cette assertion est à relativiser, car notre analyse a montré que les différents sites prospectés ont livré des tessons de paroi qui sont dans leur majorité dégraissés avec de la chamotte, mais sont presque tous décorés avec des ponctuations. L'autre remarque concerne les liens qui ont été établis entre récolte des mollusques (nouvelles habitudes alimentaires) et utilisation des coquillages comme dégraissant (de Sapir 1971). Cette tendance notée et observée dans la zone du Kassa (rive droite du fleuve Casamance) ou encore rapportée par certaines descriptions européennes dans le Centre-ouest du Sénégal se retrouve dans les sites de Brefet 1 et 2. En effet, dans ces zones, l'activité de récolte des mollusques était pratiquée, comme l'atteste la présence de quelques amas, de nombreux coquillages sur les lieux d'habitat. Cette activité continue à être exercée de nos jours sur les abords du *Bintang Bolong* et du *Bulok Bolong* par des individus qui revendiquent différentes appartenances culturelles. Les mêmes coquillages sont présents dans les pâtes des différents tessons récoltés.

Attribution culturelle des sites archéologiques

En interprétant les phases d'occupation des amas coquilliers du Sud, de Sapir considère que les actuelles populations Joola seraient venues se superposer sur d'anciennes couches agricultrices (de Sapir 1971:43). Pendant cette phase I (200 BC –200 AD), la présence de la chamotte et l'absence de restes de mollusques suggèrent que des populations non identifiées, et qui seraient à l'origine de l'édification de ces sites, n'étaient pas adaptées à la vie côtière. Elles seraient originaires de l'Est (de Sapir 1971:41).

En revanche, dans les deux dernières phases (700 AD – 1700 AD), on assiste à une rupture chronologique, caractérisée par l'introduction du coquillage comme dégraissant. La présence du coquillage dans les tessons archéologiques serait liée à l'arrivée de nouvelles populations en Basse Casamance, lesquelles auraient introduit de nouvelles pratiques alimentaires (récolte des mollusques). Ces pratiques seraient l'œuvre des ancêtres des actuels Diola, eu égard aux analogies entre certaines poteries rituelles trouvées à *Di-3* et celles utilisées dans le passé pour le culte buwinko (de Sapir 1971:45).

Bien qu'elles soient intéressantes, ces hypothèses doivent être considérées avec quelques précautions, eu égard aux analogies notées entre les actuelles pratiques en milieu Diola et leur processus d'acquisition.

En ce qui concerne les sites prospectés dans le Fogny 'gambien', plusieurs populations sont citées. Ainsi, pour le site de Bintang, les quelques renseignements recueillis attribuent la fondation du village à un chasseur Soocé (*Djombo*) qui, venant du Kian, aurait transité par le Fogny Santhamba avant de trouver cet endroit désert qu'il a baptisé A bili Tay (qui signifie : une guerre ne la détruira pas). Selon cette version, le village de Bintang n'a connu qu'un seul peuplement Soocé, tandis que les Baynouk se seraient établis à Kanaaw.

Cette assertion est soutenue par notre informateur du village actuel de Guisember. Selon la version de ce notable, qui s'identifie comme étant un Diola Fogny, le site de

Kanaaw représentait une ancienne occupation Baynouk ainsi que Katakor ou *Kata Korè* (celui qui amène ici la guerre sera vaincu). Ce site, en plus des autochtones Baynouk, aurait accueilli des vagues Diola Fogny et surtout Soocé qui viendraient du Kian. Des pêcheurs Niominka viendraient ultérieurement créer l'actuel village de Guisember que les autres rejoindront plus tard. Cependant, aucune indication n'a pu être obtenue sur les motifs d'abandon des villages de Kanaaw et de Katakor et surtout sur le processus d'assimilation des anciennes populations Baynouk. Un début de réponse pourrait probablement venir du même informateur qui revendique une identité multiple en se disant Diola Fogny, avec un oncle Baynouk et une affiliation paternelle Soocé. Ce cas n'est pas isolé dans le village de Guisember où la plupart des habitants actuels se disent être des Diola Fogny, avec une allusion aux Baynouk et une identité linguistique Soocé. D'ailleurs dans ce village, certaines familles portent le patronyme *Fabouré* qui est une émanation du village de Diatang, localisé dans le Fogny casamançais (Sall 2001, 2005).

Les mêmes interactions culturelles entre Baynouk, Diola et Soocé sont rapportées par l'actuel Alcaly de Brefet (qui se dit Soocé-Diola) et quelques villageois. Les versions recueillies soutiennent que les Baynouk seraient les premiers occupants de l'ancien Brefet qu'ils auraient rendu puissant à travers le commerce avec d'autres populations et aussi, plus tard, avec des Portugais. « *Ces derniers, établis à côté du village, auraient utilisé l'île de Brifiti (dans le Bulok Bolong) comme comptoir et ensuite comme lieu d'entrepôt des esclaves qui y étaient acheminés avec l'aide de petites pirogues* ». Pour leur approvisionnement en eau, les Portugais auraient creusé un puits (*Diombo Banta Colong*) non loin de *Brefet 3*. Bien qu'il soit abandonné aujourd'hui, ce puits était recreusé souvent par des femmes « *qui devaient être toutes nues* », car « *tout homme qui descend dans ce puits ne remontera pas* ».

Quoi qu'il en soit, la chronologie des habitants de Brefet soutient que les Baynouk auraient comme successeurs des Diola (avec le clan des Diadhiou), puis les Soocé ou Kabunké (avec les Mané et les Soocé qui viendraient du Kantora). Ces derniers seraient suivis par d'autres Diola (les Badji), des Sereer (les Diatta), des Jaxanké (Gassama) et enfin par ceux du *Tilibo*.

Malheureusement, nos investigations pour retrouver des personnes qui ont gardé leur identité ethnique et linguistique Baynouk dans les Fogny Bintang et Brefet sont restées vaines. Cependant, en recoupant certains renseignements, nous avons recueilli les témoignages d'une vieille Baynouk 'mandinguisée', mais capable de se souvenir de quelques mots Baynouk. Son fils, qui est l'Alcaly du village de Kamanka (Fogny Bondali), soutenait que ses ancêtres auraient répandu les palmiers à huile dans le Fogny et fondé tous les villages commençant par « Ka ». Ils auraient essaimé toute la sous-région « jusqu'à Kaolack » (une capitale régionale située au centre du Sénégal).

Bien que ces données ethnographiques et ethnohistoriques soient intéressantes, il n'en demeure pas moins qu'elles ne permettent pas d'interpréter les artéfacts récoltés et leur continuité.

Des données ethnoarchéologiques et historiques aux interprétations archéologiques

L'exploitation des données à partir des deux volets montre que trois éléments-clés (dégraissant utilisé, technique de façonnage et décors) présentent un intérêt certain pour une interprétation culturelle. En effet, sur le plan technologique, les pratiques technologiques des potières de Guisember (utilisation de la chamotte) dans le Fogny 'gambien' et celles des potières Diola Fogny (côté casamançais) présentent des analogies avec les tessons de Katakor 2 (site d'habitat), de Brefet 1 et 2. Ces caractéristiques pourraient remonter jusqu'à la Phase I. En revanche, l'utilisation du coquillage dans les pâtes, qui est le fait des potières Diola Kassa (De Sapir 1969, Sall 2001, 2005), se retrouverait dans les sites de Brefet 1 et 2 et remonterait aux Phases III et IV.

Cela voudrait dire en terme de succession de peuplement que les Diola Fogny seraient les premiers à occuper la zone avant ceux du Kassa. Cependant, à la lumière de l'actuel contexte social et technique de production des poteries et des interprétations historiques, il est permis d'avancer quelques hypothèses relatives à l'occupation des sites et à la 'mobilité identitaire' de certaines populations de la zone.

Parlant des origines de ces populations, il est intéressant de noter que les données ethnographiques, recueillies au Fogny, s'accordent à reconnaître que les Diola ne furent pas les premiers occupants de leur zone actuelle. Toutes les personnes interrogées reconnaissent que les Baynouk représentent le peuplement le plus ancien de la Basse Casamance. En outre, plusieurs récits ont fait allusion à leur puissance, comme en atteste la dénomination de Banjul (actuelle capitale qui résulterait d'une contraction de Baynouk Point) et du fleuve Casamance qui ferait référence à un roi appartenant à un sous-groupe Baynouk (Bertrand-Bocandé 1849 ; Boulègue 1980). Au XVe siècle, les Baynouk auraient joué des rôles politiques et économiques très importants, notamment sur les routes de commerce qui reliaient le Rio Cacheu, la Casamance et la Gambie. L'importance de ce commerce a eu comme conséquence des interactions culturelles très poussées. Ces interactions reposaient surtout sur des réseaux commerciaux qui reliaient les anciennes populations, à travers les voies fluviales du Sénégal, de la Gambie, de la Casamance et du Rio Cacheu. Le développement de ces réseaux ainsi que les systèmes sociopolitiques, qui les ont précédés ou leur sont subordonnés, ont largement contribué au développement de contacts interculturels sur de vastes territoires contrôlés par des 'rois' Baynouk. Dans le cadre de leurs activités commerciales, les Portugais se seraient greffés sur l'important réseau de commerce à longue distance mise en place par les Baynouk – initiateurs des foires hebdomadaires qui rassemblaient des milliers de personnes appartenant à plusieurs groupes culturels (Brooks 1980a, 1980b ; de Sapir 1992 ; Mark 1985 ; Monod *et al.* 1951). Cette cohabitation des différents groupes aurait eu pour conséquence des interactions culturelles à travers des mariages croisés, la cohabitation des diverses croyances et pratiques religieuses et surtout une certaine mobilité identitaire entre les Baynouk, les Diola et les Manding (Mark 2002). Cependant, malgré ce monopole culturel et économique, les Baynouk n'ont pas développé une culture militaire. Ainsi, ils seront facilement supplantés par les Manding et les Diola. Ce changement sociopolitique régional est concomitant au déclin de la puissance portugaise au profit des Anglais et des Français et à l'accentuation de la traite atlantique au XVIIe siècle (Buhnen 1993 ; Mark 2002).

Les Baynouk ont payé un lourd tribut pendant cette période en constituant la majeure partie des esclaves (Buhnen 1993). Ces raids sur les populations vont continuer durant les siècles suivants. Pendant toute la période des XVIIIe-XIXe siècles, leurs villages furent ainsi systématiquement détruits et les occupants anéantis ou assimilés par les guerriers Diola qui étaient à la recherche de nouvelles terres propices à la riziculture et à partir de 1880 par les Manding, dirigés par Fodé Kaba (Mark 2002 ; Pélissier 1966 ; Roche 1976).

Ainsi, ce peuple, qui formait jadis une importante entité politique et ethnique dans la plus grande partie de la Casamance (Bertrand-Bocandé 1849 ; Bérenger-Feraud 1879 ; Boulègue 1980 ; Dapper 1686 ; Hecquard 1855 ; Maclaud 1907 ; Monod *et al.* 1951 ; Niane 1989 ; Roche 1976), a été complètement englobé, d'une part, par certains sous-groupes Diola (principalement les Fogny) et, d'autre part, par les Manding. Au Fogny, bien que la personnalité ethnique et linguistique des Baynouk ait disparu, il n'en demeure pas moins que leurs souvenirs restent gravés dans la mémoire de nombreux villages, occupés aujourd'hui par les Diola et Manding ; c'est le cas notamment de Bintang, Brefet, Guisember, Katinong, Katoudié et de tous les autres villages qui commencent par « Ka »[7]. Plusieurs habitants du Fogny, qui se disent aujourd'hui être des Diola, reconnaissent être apparentés de par leur ascendance aux Baynouk.

Les différentes invasions et assimilations ont eu pour conséquence une perte progressive de l'identité linguistique et culturelle Baynouk. L'analyse des données linguistiques a montré que les Baynouk ont été les premiers à s'adonner à la riziculture inondée, à l'élevage du bovin et à la navigation. Les témoins matériels de ces comportements économiques, culturels et sociopolitiques sont représentés, entre autres, par la bêche Baynouk (gubik), le riz (mano), le palmier (sibekel), la chaloupe (bijanna), les masques portés pendant les cérémonies du Kumpo et la rentrée dans le bois sacré, et le bonnet ou Rakgok, de couleur rouge, signe de l'autorité et porté par les rois « Unam » et dignitaires (de Lespinay 2000). Tous ces traits culturels se retrouvent aujourd'hui associés aux seules populations Diola (de Sapir 1992 ; Pélissier 1966 ; Thomas 1959, 1969a, 1969b).

Cette intégration des aspects techniques Baynouk par les actuelles populations, ainsi définie, coïncide avec celle où les actuels artisans Diola utilisent la chamotte et des décors imprimés (caractéristiques des Phases I et II), en association avec une variante de l'écrasement d'un colombin, contrairement au Sud, au pays floup, où la pâte dégraissée aux coquillages (Phases III et IV) est utilisée à travers la technique des colombins pincés et superposés, et suivie d'une décoration en ponctuations, en impressions et en traçage au peigne. D'après les renseignements que nous avons recueillis auprès de certaines potières du Fogny, les mêmes comportements sont adoptés dans d'autres villages tels que Tobor et Niamone[8]. Etant donné que ces deux localités font partie des seuls endroits où les Baynouk gardent aujourd'hui leur identité ethnique, on peut admettre logiquement que l'actuelle technique, utilisée par les Diola Fogny, serait une survivance Baynouk[9].

L'analyse des autres aspects culturels corrobore cette assertion de l'influence culturelle des anciennes populations affiliées au groupe Baynouk. En dépit des quelques comportements distincts notés dans les traditions céramiques, les populations Diola (tous sous-groupes sociolinguistiques confondus) auraient adopté l'essentiel des cérémonies rituelles et culturelles de leurs prédécesseurs, parmi lesquelles l'organisation des bois sacrés et leurs expressions matérielles. Comme nous l'avons déjà annoncé, les principaux critères d'ethnicité des actuelles populations Diola reposent sur les activités économiques (riziculture) et surtout sur les modèles d'intégration des jeunes dans leurs sociétés respectives. Ce mode, qui passe par la cérémonie du Bukut, a constitué et continue d'être une stratégie de protection culturelle face à la poussée Malinké dès le XIIIe siècle, à la colonisation à partir du XVIIe siècle et, de nos jours, face au pouvoir central de l'Etat sénégalais, avec son corollaire d'implantation et d'influence du modèle islamo-wolof avec des populations venant du Nord.

La seule institution, qui assure encore aujourd'hui une identité régionale, est donc cette épreuve du Bukut (initiation masculine) qui est célébrée seulement une fois tous les 20 ou 25 ans. Cette épreuve, qui permet aux jeunes d'intégrer le cercle des adultes, est organisée en trois parties : une cérémonie de fixation de la date, des manifestations publiques et la retraite dans le bois sacré.

Au Fogny, la fixation de la date d'initiation par un village donné (Futabor) se fait deux ans auparavant, au cours d'une cérémonie dénommée Foutaboraf. Elle consiste en la préparation d'une boisson très prisée dans cette région[10], le Bounkayab, obtenue à partir d'un mélange de farine de riz et de racines. L'organisation et la préparation de cette boisson s'effectuent selon le respect d'une certaine hiérarchie. Au démarrage, tout le village se réunit chez le chef de cérémonie et prend part à sa fabrication. Après l'avoir préparée et consommée pendant une huitaine de jours dans le domicile du chef de cérémonie, les autres chefs de familles, en fonction des classes d'âge, invitent successivement chez eux. Au terme des festivités, qui peuvent durer plus d'une quinzaine de jours, la date de l'initiation est fixée.

Trois jours avant cette date, des manifestations publiques, accompagnées de danses et d'épreuves d'endurance, sont organisées. Le jour J, les jeunes âgés de 18 à 30 ans sont rassemblés dans le bois sacré où ils resteront coupés de l'extérieur pendant un mois ou plus, le temps d'acquérir tous les enseignements nécessaires pour affronter la vie et renforcer le sentiment communautaire. La fin de cette initiation (*Bukut*) est célébrée avec faste. En effet, chaque chef de famille est tenu d'immoler un taureau et de faire cuire beaucoup de riz (une centaine de kg selon certains) en l'honneur de chacun de ses fils qui a participé au stage. C'est aussi le jour de sortie en public de plusieurs masques d'initiation parmi lesquels le *Kankuran*, un masque d'origine… manding qui, durant tout le stage, protégeait les initiés des esprits maléfiques.

Nos récents travaux (Sall 2005, 2001), associés à d'autres (de Lespinay 2000 ; Mark 2000), ont montré que les actuels Diola du Fogny ont 'usurpé' les critères d'ethnicité de leurs prédécesseurs Baynouk, allant jusqu'à revendiquer à leur place des origines communes avec les Sereer qui seraient venus du Nord (vallée du fleuve Sénégal) pour peupler l'actuel Centre-Ouest du Sénégal et une partie de la Gambie. Ces liens ont été évoqués par des études historiques sur la base des traditions orales (Maclaud 1907), des analogies (croyances, cérémonies d'enterrement, culture du riz, élevage) entre les deux populations (Brigaud 1970 ; Pélissier 1966).

Conclusion

En abordant les problèmes liés à l'exploitation des différentes caractéristiques de la poterie dans l'interprétation des différentes phases de peuplement et des interactions culturelles au Fogny (à travers des prospections archéologiques), nos objectifs étaient de contribuer à une meilleure compréhension des rapports entre la céramique et les populations actuelles et anciennes. Cette interrogation de nature méthodologique débutait par une analyse de la répartition des différents éléments pris en compte (anciens sites d'habitat, types de matériaux récoltés, statuts des artisans, modes de production, techniques, outils, formes et décors des produits finis). Il s'agissait ensuite de s'interroger sur les raisons des modes de distribution observés, en pondérant les éléments suivant leur capacité à évoluer ou à perdurer à travers l'espace et le temps. Cette démarche conduisait à l'aspect qui nous paraît le plus innovant de ce travail, à savoir la reconstitution de l'évolution diachronique des traditions céramiques, en relation avec l'histoire des populations. Ici, l'accent était mis sur les éléments qui semblaient les plus à même de nous apporter des renseignements historiques. Nous avons également pris en compte d'autres aspects ethnographiques et historiques en les mettant en rapport avec le domaine de la poterie.

En confrontant les données archéologiques, historiques et ethnographiques, l'analyse des comportements sociotechniques (identité des artisans, réseaux d'apprentissage, connexions entre les divers groupes, méthodes de fabrication de la poterie), associée à l'exploitation des sources historiques, a montré que la présence de la même technique au sein de ces deux groupes résulterait d'une survivance de producteurs autochtones dont l'affiliation la plus proche, en fonction des données disponibles pour le moment, serait Baynouk.

Les enquêtes et observations, portant sur quelques aspects de la culture matérielle, demeurent insuffisantes. Les recherches qui se poursuivent vont dépasser le cadre strict de la poterie pour pouvoir aller plus loin, afin de voir si les populations Baynouk, considérées comme les plus anciennement établies dans la région, ne seraient pas devancées par d'autres.

Ce sont là des objectifs que nous souhaitons mener à bien en continuant, d'une part, à collecter systématiquement tous les aspects de la culture matérielle (objets rituels et initiatiques, instruments de musique, tenues vestimentaires, alimentation, etc.) et, d'autre part, à identifier et à étudier tous les anciens sites d'habitat et rituels. Autant de témoins qui permettront de prolonger et /ou de compléter l'histoire des sociétés du Fogny fondée sur les documents écrits et les traditions orales et, partant, de dégager des tendances qui permettront de perfectionner les thèses avancées jusqu'ici.

Notes

1. Les 85 potières enquêtées (toutes originaires de la région) occupent les villages de Diatang (46), Katinong (19), Suelle (11), Balandine (7), Djibidione (2) et Bignona (1).
2. Dans cette zone, l'activité est en extinction, d'où la difficulté de récolter plusieurs informations. Les enquêtes ont été menées dans le seul village de Guisember (situé à une dizaine de km de Bintang). Néanmoins, trois potières qui avaient l'habitude de travailler dans le même atelier ont accepté de faire une démonstration de la chaîne opératoire tout en livrant toutes les informations relatives à la filière de transmission du savoir.
3. Est considérée comme telle toute personne capable de façonner de grands récipients. Généralement, dans un atelier, plusieurs maîtresses se regroupent sous la direction de la plus âgée. Leur rôle consiste à façonner et à cuire les poteries.
4. Unies aux maîtresses-potières par des liens de parenté (famille nucléaire ou par alliance) et supérieures en nombre dans les ateliers, elles sont à la base de l'importante production au Fogny. Leur rôle dans la chaîne opératoire consiste à récolter l'argile, préparer la pâte (pilonnage, formation des colombins), préformer, sécher les poteries et, enfin, les cuire.
5. Pour des raisons de sécurité (présence de mines et autres), nous n'avons pas pu prospecter le Fogny casamançais (Sénégal).
6. En raison de la faible récolte des bords ainsi que de leur absence sur certains sites, nous avons choisi de ne pas les considérer comme élément-clé dans la description.
7. Un vieux Baynouk 'mandinguisé' (il ne comprend plus un seul mot Baynouk) qui habite le village de Kamanga (dans le Fogny Bondali (Gambie) soutenait que ses ancêtres ont été « jusqu'à Kaolack » (une capitale régionale située au centre du Sénégal.
8. Pour des raisons de sécurité, nos nombreuses tentatives visant à récolter des données dans cette zone n'ont pas été couronnées de succès.
9. Selon Roche (1976 : 25), le Kumpo, une manifestation culturelle largement pratiquée au Fogny, serait originaire du même village de Niamone, « village bañun isolé au milieu des villages joola ».
10. En 1998, le village de Katinong (Fogny) était à l'honneur. Toute la production de poteries de ce village portait exclusivement sur les Karoumbeu et les Erumbeï, des récipients destinés, entre autres, à la préparation et à la conservation de la boisson (Bunkayab).

Références bibliographiques

Appiat-Dabit, B., 1941, « Quelques artisans noirs. I. La teinturière. II. Les Laobés. III. La potière », *BIFAN* 3 (3-4), pp. 1-44.

Becker, C., 1985, « Histoire de la Sénégambie du XVᵉ au XVIIIᵉ siècle : un bilan », *Cahiers d'Etudes africaines*, 98 (25-2), pp. 213-42.

Bérenger-Féraud, J.L., J.L., 1879, *Les peuplades de la Sénégambie : histoire, ethnographie, moeurs et coutumes, légendes, etc.*, Paris, E. Leroux.

Bertarnd-Bocandé, B., 1849 « Notes sur la Guinée portugaise ou Sénégambie méridionale », *Bulletin de la Société de Géographie de Paris,* 11 (3) : 265-350 ; 12 ; pp. 57-93.

Boulègue, J., 1980, « L'ancien royaume du Kasa (Casamance) », *BIFAN,* 42(3), pp. 475-86.

Brigaud, F., 1970, *Histoire traditionnelle du Sénégal,* Amsterdam, Swets & Zeitlinger.

Brooks, G., 1980a, « Perspectives on Luso-African Commerce and Settlement in Gambia and Guinea-Bissau Region, 16th-19th Centuries », *Working Paper* 24, Boston University, African Studies Center.

Brooks, G., 1980b, *Kola trade and state building in Upper Guinea Coast and Senegambia XV-XVII Century,* Boston University, African Studies Center Working Papers 38.

Buhnen, S., 1992, 'Place Names and Historical Source, An Introduction with Examples From Southern Senegambia and Germany', *History of Africa,* 19, pp. 45-110.

Cissoko, S.M., 1981, « Introduction à l'histoire des Mandingues de l'Ouest », *Ethiopiques,* 28, pp. 73-91.

Corbeil, R., 1946, « Quelques détails sur la fabrication des poteries indigènes à Siguiri », *Notes africaines,* 32, pp. 29-30.

Dapper, O., 1686, *Description de l'Afrique,* Amsterdam, Wolgang Waesberge Boom Van Someren.

De Lespinay, C., 2000, « Un lexique Bagnon-Floupe de la fin du XVIIᵉ siècle : Apport à l'Histoire du Peuplement de la Casamance », in G. Gaillard, éd., *Migrations Anciennes et Peuplement Actuel des Côtes Guinéennes,* pp. 193-213, Paris, L'Harmattan.

De Sapir, O.L., 1969, 'Joola pottery of the Fogny and the Kasa', *Expedition,* 11, pp. 2-11.

De Sapir, O.L., 1971, 'Shell middens of Lower Casamance and problems of Joola Protohistory', *West African journal of Archaeology,* 1 : 23-54.

De Sapir, O.L., 1992, *Power, Prayer and Production. The Jola of Casamance, Senegal,* Cambridge, Cambridge University Press.

Diagne, A.M., 1933, « Notes sur les coutumes des Joola du Fogny Oriental », *Bulletin de l'Enseignement de l'AOF,* 83, pp. 85-192.

Frank, B.E., 1993, 'Reconstructing the history of an African ceramic tradition. technology, slavery and agency in the region of Kadiolo (Mali)', *Cahiers d'Etudes Africaines,* 33 (3), pp. 381-401.

Frank, B.E., 1998, *Mande potters and leather-workers. Art and heritage in West Africa,* Washington & London, Smithsonian Institution Press.

Gallay, A., 1992, « A propos de la céramique actuelle du delta intérieur du Niger (Mali) : approche ethnoarchéologique et règles transculturelles », in *Ethnoarchéologie : justification, problèmes, limites,* XIIᵉˢ Rencontres internationales d'Archéologie et d'Histoire d'Antibes, Juan-les-Pins, Edition APDCA.

Gallay, A., *et al.* 1994, *Peuples et céramiques du Delta intérieur du Niger,* Genève, Département d'Anthropologie et d'Ecologie de l'Université de Genève.

Gelbert, A., 2000, *Etude ethnoarchéologique des phénomènes d'emprunts céramique. Enquêtes dans les haute et moyenne vallées du fleuve Sénégal (Sénégal),* Thèse de doctorat, Université de Paris X, 1998.

Guèye, N.S. 1998, *Poteries et peuplements de la moyenne vallée du fleuve Sénégal du XVIᵉ au XIXᵉ siècle : approches ethnoarchéologique et ethnohistorique,* Thèse de doctorat, 2 vols, Université de Paris X-Nanterre.

Girard, J., 1983, *L'or du Bambouk. Une dynamique de civilisation Ouest-Africaine. Du Royaume de Gabou à la Casamance,* Genève, Georg.

Gravrand, H., 1981, « Le Gabou dans les traditions orales sereer et guélwar », *Ethiopiques*, 28, pp. 40-59.

Hecquard, H., 1855, *Voyage sur la côte et dans l'intérieur de l'Afrique occidentale*, Paris, Imprimerie Bénard et Cie.

La Violette, A., 1995, *Women Craft Specialists in Jenne. The Manipulation of Mande Social Categories ´*, in D. C. Conrad, & B. E., Frank, ed.,, *Status and Identity in West Africa*, Bloomington & Indianapolis, Indiana University Press, pp. 170-81.

Maclaud, Dr., 1907, « Notes anthropologiques sur les Joola de la Casamance », *L'Anthropologie*, 18, pp. 69-98.

Mark, P., 1985, *A cultural, econmic and Religious History of the Basse Casamance since 1500*. Studien Zur Kultuurkunde 78, Stuttgart, Franz Shiner Verlag Wiesbaden GMBH.

Mark, P., 1992, *The Wild Bull and the sacred forest. Form, Meaning and Change in Senegambian Initiation Masks*, Cambridge, Cambridge University Press.

Mark, P., 2000, « Les 'Portugais' de la Sénégambie et de Bissau ; Identité et architecture », in G. Gaillard, éd., *Migrations Anciennes et Peuplement Actuel des Côtes Guinéennes*, Paris, L'Harmattan, pp. 467-485.

Mark, P., 2002, *Portuguese Style and Luso-African identity. Precolonial Senegambia, Sixteenth-Nineteenth Centuries*, Bloomington & Indianapolis, Indiana University Press.

Monod, T., *et al.* 1951, *Description de la Côte Occidentale d'Afrique (Sénégal au Cap de Monte, Archipels) par Valentin Fernandes (1506-1510)*, Bissau, Centro dos estudos da Guiné Portugesa.

Monod, T., *et al.* 1959, *De la première découverte de la Guinée, récit par Diogo Gomes (fin XVᵉ siècle)*, Bissau, Centro dos estudos da Guiné Portugesa.

Niakate, B., 1946, « Industrie potière en pays sarakolé (Subdivision de Mara, cercle de Nioro) », *Notes Africaines*, 32, p. 10.

Niane, D.T., 1989, *Histoire des Mandingues de l'Ouest. Le royaume du Gabou*, Paris, Karthala.

Pélissier, P., 1966, *Les paysans du Sénégal. Les civilisations agraires du Cayor à la Casamance*, Saint Yrieix, Imprimerie Fabrègue.

Raimbault, M., 1980, « La poterie traditionnelle au service de l'archéologie : les ateliers de Kalabougou (cercle de Ségou, Mali) », *BIFAN* 42 (3), pp. 441-74.

Roche, C., 1976, *Conquête et résistance des peuples de Casamance*, Dakar, NEA.

Sall, M., 2001, *Traditions céramiques, Identités et Peuplement en Sénégambie. Ethnographie comparée et essai de reconstitution historique*, Thèse de doctorat, Université Libre de Bruxelles.

Sall, M., 2005, *Traditions céramiques, Identités et Peuplement en Sénégambie. Ethnographie comparée et essai de reconstitution historique*, Cambridge Monographs in African Archaeology, 63, *BAR International*, Series 1407.

Schefer, C., 1895, *Cada Mosto (Alvise de). Relation des voyages à la côte occidentale d'Afrique (1445-1471)*, Paris, Leroux.

Thiam, M., 1991, *La céramique au Sénégal : archéologie et histoire*, Thèse de doctorat de 3ᵉ cycle, Université de Paris I.

Thilmans, G. *et al.* 1980, *Protohistoire du Sénégal. Recherches archéologiques : les sites mégalithiques*, Dakar, Mémoires de l'IFAN 91 (1).

Thomas, L.V., 1959, *Les Joola. Essai d'analyse fonctionnelle sur une population de Basse Casamance*. 2 vols, Dakar, IFAN.

Thomas, L.V., 1969, « Tradition et modernité chez les Joola de Casamance. Réflexions sur le devenir des valeurs éducatives », *BIFAN* (B 30-4), pp. 1488-519.

Thomas, L.V., 1969, « Les Joola et les objets d'art », *BIFAN* (B 31-2), pp. 453-530.

Virot, C., 1994, « Terre africaine », *Revue de la céramique et du verre*, 79, pp. 23-46.

4

Poterie et identité : les Bassari et Bedik du Sénégal oriental

Mandiomé Thiam

Introduction

Les deux dernières décennies ont été marquées par d'immenses progrès en ethnoarchéologie[1] des céramiques dans l'espace sénégambien, à travers des typologies plus cohérentes et des descriptions assez exhaustives des méthodes techniques de production (Bocoum 2004, 1989, 1986 ; Diop 2004, 2000, 1998, 1995 ; Gelbert 2003 ; Guèye 2006, 2003, 2002, 1998 ; Sall 2005, 2001, 1999 ; Thiam 2006, 2004, 1991, 1987).

Du reste, s'il est admis que la culture matérielle céramique n'est plus traitée en parent pauvre eu égard à l'important corpus disponible, il n'en demeure pas moins que des lacunes subsistent, notamment au niveau des températures de cuisson et de la texture des pâtes, deux questions qui attendent impatiemment d'être résolues. S'agissant du premier aspect, nous savons qu'il constitue un facteur important de la durabilité d'une poterie en ce sens que sa cohésion et même sa porosité en dépendent. Concernant le second aspect, il est possible, grâce à la pétrographie, de catégoriser les productions des ateliers suivant la composition minéralogique des pâtes, c'est-à-dire leur texture.

En effet, nous savons que la céramique des ateliers traditionnels du Sénégal oriental (Secteur de Kédougou) apparaît originale tant du point de vue des types de pièces confectionnées que de leurs usages utilitaires ou rituels (Bocoum 1989 ; Thiam 2006, 1991). Les Bassari et Bedik fabriquent et consomment abondamment les produits du fait d'un environnement encore peu ouvert aux influences extérieures jusqu'à une période relativement récente. Ils confectionnent une production qui présente des similitudes certaines, mais également des aspects discriminants. En effet, la quête du sédiment argileux, puis la préparation de la pâte, tout comme les opérations techniques successives de montage, de séchage, de décoration et de cuisson des poteries, laissent apparaître des différences parfois significatives et font également l'objet d'interdits multiples à certains moments de la chaîne opératoire.

L'approche poursuivie dans ledit secteur tente d'élucider la problématique ci-après : constitution d'un stock de données sur la céramique Bassari et Bedik, lesquelles données pourraient être mobilisées pour résoudre des problèmes archéologiques. De même, il sera possible de sauvegarder un pan de notre patrimoine menacé de disparition et, partant, d'élargir et d'approfondir notamment nos connaissances dans une zone faiblement investie jusque-là par les chercheurs. Dès lors, une lecture ethnique de la poterie s'avère envisageable. Ici, il s'agira de discuter de la pertinence, voire du fondement des identités bedik et bassari, au regard de la culture matérielle céramique, dans la longue durée. Autrement dit, peut-on parler de traditions céramiques propres à chaque groupe ? L'hypothèse apparaît plausible eu égard à l'information disponible. En tout état de cause, si elle est avérée, il s'agira de préciser à quel moment il y a similitudes ou discriminations. Cette démarche semble se justifier en ce sens que l'espace d'étude est une zone de brassage et même de dispersion de différents groupes ; il est multiethnique, donc non exempt de tout contact ou influence extérieure, si infime soit-il.

Les minorités bassari et bedik : la question identitaire

Lorsqu'une collectivité se reconnaît comme un groupe singulier du fait de certains éléments courants d'identification tels que l'origine, l'apparence physique, les événements marquants du passé, le langage, les gestes, les coutumes et rites collectifs, l'organisation sociale, les vêtements, les possessions matérielles tels que les objets utilisés dans la vie quotidienne, etc., il y a lieu de l'isoler en tant qu'identité ethnique. De même, l'identité intègre aussi bien les jugements émis sur moi-même par mon entourage (identité énoncée par autrui) que ceux que j'émets moi-même (identité auto-énoncée, le « concept de soi »), notent Citeau et Engelhard-Bitrian (1999:143). Cependant, il n'y a pas fixité, car des changements peuvent intervenir dans les croyances, les techniques et même les structures. En outre, comme le font remarquer Citeau et Engelhard-Bitrian (1999:143), l'identité est le produit des socialisations successives. Elle se construit dans la longue durée, voire tout au long de la vie. En effet, cette construction est dynamique. Elle n'est pas non plus linéaire, mais plutôt marquée par des ruptures, voire des crises qui remettent en cause certains éléments de l'identité antérieure et l'assimilation de certains autres. En somme, l'identité est un sentiment interne d'unité, de cohérence, d'appartenance, de valeur, d'autonomie et de confiance organisée autour d'une volonté d'existence (Muchielli 1994).

Les Bassari et Bedik ciblés dans cette étude peuvent être perçus comme tels à travers un aspect de leur culture matérielle, en l'occurrence la poterie. Les deux entités sont groupées sous la dénomination de Tenda ou Tendanké, vocable emprunté à la langue pulaar (Girard 1984:7). Elles sont contemporaines. Les Bassari occupent essentiellement ce qu'il est convenu d'appeler « le Pays Bassari », une zone constituée de chaînes de collines de part et d'autre de la frontiere entre le Sénégal et la Guinée. Ils sont mêlés vers le Sud aux villages boyen[2] qui sont en fait des Bassari islamisés et intégrés, à des degrés divers, aux us et coutumes pulaar. Quant à l'espace des Bedik, également formé de collines, il se limite à la partie est de la boucle immédiatement voisine de la ville de Kédougou ; leur implantation ne dépasse pas la rivière Diakha, affluent de la Gambie.

Les Bassari et les Bedik (Figure 1) se sont réfugiés dans ces montagnes pour échapper à l'islamisation de la région, rapportent les témoignages des populations.[3] Leur installation dans le secteur remonte au XIIIe siècle (Gessain 2003:5), date de la première invasion mandingue.[4] Ensuite, les assauts répétés des peuls au XVIe et durant tout le XIXe siècle permirent une conversion à l'islam d'une frange importante de ces minorités. Fortement ancrés dans les religions du terroir (l'animisme pour les ethnologues), les Bassari et les Bedik sont aujourd'hui plus fortement gagnés par la religion chrétienne que par l'islam. Cependant, entre ces divers groupements, il existe des similitudes et des antagonismes très discrets et complexes. Le brassage interculturel avec les autres groupes tels que les malinkés et les pulaar, en l'occurrence par le biais du mariage, justifie sans doute le rapprochement linguistique et notamment des pratiques rituelles communes. Ces observations sont également perceptibles dans la culture matérielle céramique en particulier.

Figure 1 : Localisation des ateliers bassari et bedik étudiés

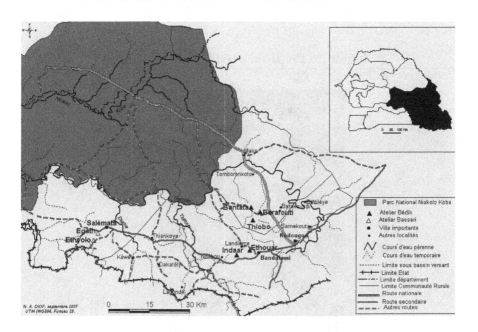

Technologie céramique

La chaîne opératoire céramique bassari

Dans l'univers mental des potières bassari, une légende rapporte que le crapaud fut l'inventeur de la poterie, mais qu'il ne savait pas la cuire. C'est à l'homme que revient cette innovation technologique majeure qui consiste dans le traitement thermique[5] de l'argile.[6]

Nos connaissances sur la production du groupe reposent, pour l'essentiel, jusqu'à récemment, sur les travaux d'ethnologues (De Lestrange 1947 ; Gessain:1963).[7] En l'état actuel des investigations, deux localités ont fait l'objet d'une étude assez étendue : ce sont Ethyolo (Bocoum 1989) et Egath (Thiam 1991), deux villages de la circonscription de Kédougou, distants l'un de l'autre d'environ 5 km (Figure 1).

D'une manière générale, la technologie céramique Bassari apparaît simple dans sa conduite. L'argile des termitières[8] (apan andiss) ou celle des massifs montagneux (Omaak) sont recueillies aux alentours immédiats du village par les femmes qui n'allaitent pas. Mais il faut au préalable que la potière (abadj arovedia) dépose sur le gisement un sacrifice comme, par exemple, une perle rouge (koundangué). L'argile des termitières ne subit aucune préparation particulière. Il n'y a pas d'ajout de dégraissant pour la préparation de la pâte (omaak ondegoclor) (Figure 2), car la latérite déjà comprise dans l'argile remplit correctement cette fonction. Ainsi, la matière première broyée et humidifiée est apte à l'emploi. En revanche, le sédiment provenant des massifs montagneux nécessite systématiquement l'utilisation du dégraissant (oclore) à Egath. On a reconnu les ratés de cuisson et les récipients hors d'usage. Le début de l'opération de façonnage n'obéit pas à un jour particulier.

Figure 2 : Préparation de la pâte (Egath)

Le façonnage proprement dit (*obadji*) nécessite un équipement sommaire. Le fond de la poterie en construction est moulé sur un prototype comme une calebasse retournée (Figure 3). Avant d'enlever le moule, il faut un séchage complet qui peut durer une journée. Chez les Bassari d'Egath, on a identifié un procédé original, qui consiste à placer des feuilles d'arbres sur tout le pourtour inférieur de la zone de contact avec le support. Cela permet, dit la potière, un séchage progressif afin d'éviter les fissures au cours du séchage et de la cuisson. Une fois le moule retiré, commence alors le colombinage, technique de montage pratiquée dans tous ateliers traditionnels céramiques de la Sénégambie (Figure 4). Le séchage (anash) des produits montés dure trois à quatre jours ; les pièces sont d'abord gardées à l'intérieur de l'atelier, ensuite elles sont placées au soleil le quatrième jour, puis ramenées dans l'atelier.

Figure 3 : Moulage d'un fond de poterie (Indaar)

Figure 4 : Colombinage (Egath)

Le décor des poteries est uniquement lié à des préoccupations esthétiques. Le symbolisme du système décoratif intéresse quelques objets cultuels visiblement mieux soignés. Un morceau de bois fendu permet de procéder à des incisions sur la pâte encore molle. L'aire de cuisson (oheny) est privée mais non fixe. La disponibilité de l'espace et les conditions atmosphériques justifient cette mobilité. Lorsque la date de la cuisson est fixée, les objets sont exposés au soleil toute une journée avant l'opération. La cuisson (awour) ne se déroule pas dans un four, mais généralement à même le sol ou dans une légère excavation. A Egath, une installation particulière consistant en de gros blocs de pierres latéritiques sert de supports aux poteries à cuire. Les écorces et branchettes d'arbres sont disposées entre les blocs de pierres, puis les poteries sont renversées et recouvertes de combustibles. Treize heures d'horloge suffisent pour cuire les vases. Les éléments qui sont endommagés dégraissent les prochaines productions.[9]

S'agissant des types de produits confectionnés, il existe des similitudes réelles avec ceux des Bedik ; seule la dénomination apparaît comme un facteur discriminant (Bocoum 1989:5). Pour les besoins de la commodité, on identifie deux niveaux de la production, domestique et rituelle. La production domestique Bassari compte les principaux produits ci-après :

- Récipient sans col et assez ouvert pour la conservation de l'eau (banjiva ou anjiva) ;
- Grande jarre destinée à la cuisson de la bière (anewan) ;
- Grande jarre pour la conservation de la bière (eda) ;
- Grande jarre pour garder les vivres (ewour) ;
- Pots pour servir de la bière (idë ou mbougouninja betiil) ;
- Marmite pour la cuisson des aliments (anguoninja) ;
- Récipient ouvert pour la cuisson à vapeur ou couscoussier (ataacha) ;
- Poterie ouverte destinée à la grillade des arachides (angelool) ;
- Petit bol assez ouvert pour le service de la sauce (ekata) ;
- De petits équipements tel que des pipes ou des pesons.

La production rituelle (epedia edbechane) semble bien marginale en comparaison de ce qui se passe dans la société Bedik. Mais, dans tous les cas, elle se transmet de génération en génération à l'intérieur de chaque groupe. On distingue les formes suivantes :

- Canaris destinés à la cuisson des médicaments à base de racines et d'écorces d'arbres. Une fois fabriquées, ces poteries n'iront plus au feu ; le cas échéant, elles perdraient leurs fonctions thérapeutiques ;
- Canaris destinés à recevoir les solutions médicamenteuses. A Ethyolo, une pièce grossièrement cylindrique (epeda edbichar) a été répertoriée. Après son emploi, elle doit être renversée pendant cinq jours à la croisée de deux chemins avant d'être réutilisable (Bocoum 1989:5). Suivant les cas, le patient se lave dans sept récipients différents.[10] Ces données confirment la vivacité de la pharmacopée traditionnelle au sein de ces communautés du Sénégal oriental ;
- Pots cérémoniels anthropomorphes ;

- Poupées (atokh) destinées à des usages rituels, mais aujourd'hui, elles remplissent des fonctions touristiques. Généralement, elles sont l'œuvre des enfants ; en tout état de cause, elles traduisent les préoccupations artistiques d'un groupe.

La chaîne opératoire céramique bedik

Dans le secteur de Kédougou, il est à signaler deux foyers de concentration bedik. Le premier, situé au nord, s'organise autour du plateau de Bantata et compte parmi les plus importants autels dédiés aux ancêtres, avec les ateliers de Thiobo (Bocoum 1989) et Barafouti (Thiam 1991). Le second foyer concerne la zone de Bandafassi avec, notamment, Ethouar (Bocoum 1989 ; Thiam 2006, 1991) et Indaar (Thiam 2006, 1991). Les localités d'Indaar et d'Ethouar, situées respectivement au pied de la colline et en altitude (140 m environ), regroupent une seule et même grande famille Bedik.[11] A Indaar, les populations s'adonnent aisément aux travaux champêtres (culture de l'arachide, du mil, du fonio, etc.) et ne sont pas confrontées aux problèmes d'approvisionnement en eau, autant de raisons qui ont présidé à leur choix de quitter les hauteurs, contrairement à leurs parents d'Ethouar demeurés en montagne. Mais les fêtes de l'ensemble des deux communautés se déroulent sur les collines, siège des bois sacrés.

Cependant, comme pour la production bassari, les différentes opérations techniques de la fabrication des poteries ne présentent aucune complexité. La matière première (guanathang) est prélevée en faible profondeur des massifs montagneux et des termitières. Les potières (assoire qbèth) peuvent se la procurer tous les jours, car aucun interdit ne pèse sur son acquisition. Mais seules les femmes qui ont atteint la ménopause sont autorisées à se rendre au gisement. Toutefois, il est procédé à des sacrifices annuels avant l'extraction du sédiment. Ils consistent tantôt en poulets, tantôt en chèvres, l'objectif étant de verser du sang. Les hommes ne sont pas autorisés à visiter le lieu d'extraction sous peine de rendre l'argile inutilisable. De même, les lundis et vendredis sont des jours d'offrandes destinés aux dieux qui se trouvent dans le *Dialan*. En conséquence, pour éviter une malédiction, les potières suspendent la quête de l'argile. Il y a lieu de noter que l'activité potière est arrêtée durant la saison des pluies, car la cuisson occasionne la sécheresse et la recrudescence des épidémies.

Le sédiment provenant des massifs montagneux nécessite systématiquement l'utilisation du dégraissant de chamotte (ratés de cuisson ou récipients hors d'usage). Cependant, l'argile des termitières n'est pas toujours corrigée ; le cas échéant, le dégraissant est organique (paille de fonio) à Barafouti. Cette opération technique, qui est destinée à rendre le sédiment apte à être modelé, est inconnue dans certains ateliers bassari tel qu'Ethyolo (Bocoum 1989). Avant le malaxage de la pâte (broyage et humectation), le marchage est pratiqué (Figure 5).

Figure 5 : Marchage (Indaar)

Puis commence le façonnage des pièces (guitenang), qui n'obéit pas à un jour particulier. Il n'y a pas de tabous dans la mesure où les sacrifices sont faits à l'occasion de la première étape de la chaine opératoire, c'est-à-dire au moment de la quête de la matière première. Le montage s'effectue par l'ébauchage du fond de la poterie par moulage. Ensuite, l'ébauche est complétée par colombinage pour le reste. La pièce à façonner est ensuite posée sur un récipient contenant de la cendre. De même, des instruments tels que le battoir (obèja) sont utilisés. Le séchage des pièces (Ayère) dure trois jours au soleil.

Quant au décor, il se caractérise par sa simplicité : ce sont des incisions simples ou parfois complexes appelées ignoug. Cependant, un décor sur commande est exécuté sur les poteries (goumak) qui bénéficient d'un traitement relativement modeste : grattage, lissage et polissage ; ces opérations sont appelées Ometa. Dans tous les cas, le système décoratif obéit à des préoccupations esthétiques dans le but de faciliter l'écoulement du produit. Il se limite essentiellement à des impressions digitées, à des incisions simples ou en chevrons, à des lignes parallèles horizontales, à des pointillés, et à des cordons rapportés.

La cuisson (iboute) des poteries se déroule dans une petite excavation. L'aire de cuisson (amra) n'est ni privée, ni fixe, mais très irrégulière (Figure 6). Les ratés de cuisson (2 ou 3 pièces sur 10) sont jetés dans un lieu de rebut. Ils ne seront pas réutilisés comme dégraissants pour éviter les accidents de cuisson et aussi parce que l'argile est disponible en abondance dans les environs immédiats du village. Au contraire, les Bassari utilisent les ratés de cuisson pour corriger la pâte céramique.

Figure 6 : Aire de cuisson (Ethouar)

Figure 6 : Aire de cuisson (Ethouar)

La céramique bedik compte une production utilitaire et une autre cultuelle. La production utilitaire ou domestique est destinée à des tâches quotidiennes telles que la préparation des repas ou des vins et la conservation de l'eau. On distingue les principaux produits suivants :
- Canari pour la conservation de l'eau (gamband ou ekochar) ;
- Poterie fermée à col pour la cuisson des aliments (kingundjé ou gaanuud). Ces marmites sont aujourd'hui fortement concurrencées par les produits en fonte ;
- Poterie ouverte sans col au fond perforé destinée à la cuisson à vapeur du fonio ou du riz ou couscoussier (*ipal*) (Figure 7) ;

Figure 7 : Poterie destinée à la cuisson à vapeur (Indaar)

- Grande poterie ovoïde (60 à 80 cm de hauteur) destinée à la fermentation de la bière (*elema*) (Figure 8) ;

Figure 8 : Poterie destinée à la fermentation de la bière (Ethouar)

- Poterie pour la cuisson de la bière de mil ou ngodj : (gaathitda). Les pièces hors d'usage sont recyclées comme poulaillers. Il suffit de les retourner et de créer une ouverture (Figure 9) ;

Figure 9 : Poterie destinée à la cuisson de la bière (Barafouti)

- Petits pots pour servir de la bière (niéné) ;
- Petite poterie ouverte et sans col destinée au lavage matinal de la figure (ganaatha) ;
- Vase pour la cuisson du savon (gatoigne) (Figure 10) ;

Figure 10 : Poterie pour la cuisson du savon (Ethouar)

• Vase pour le filtrage du savon (guanguara).

Quant à la production cultuelle bedik, elle semble réservée à une catégorie spéciale d'artisanes. Parmi les quatre potières interrogées à Bantata, seule une d'elles confectionnait, assez irrégulièrement d'ailleurs et sur commande, des poteries cultuelles (Bocoum 1989:4). Les pièces identifiées sont en relation avec le *gathej*, qui est par excellence l'autel des ancêtres. On doit y verser une portion de chaque repas avant sa consommation pour éviter, entre autres châtiments, le gloître. On y fait également des prières pour lutter par exemple contre la stérilité masculine et féminine. Les *gathej* se trouvent à droite de la porte du *ohod* (chambre du culte) dont l'orientation est Nord-Sud. Il existe deux catégories d'objets céramiques en rapport avec le ohod : les bitèdes, qui sont de petites poteries aux parois relativement rectilignes. Les bitèdes mâles, surmontés d'un petit couvercle, se trouvent à l'extérieur du gathej et les bitèdes femelles, dépourvues de couvercle, sont localisées à l'intérieur du ohod. L'autre type de poterie, représenté par les cécering, consiste en poteries à goulot, richement décorées. Elles sont destinées à conserver la bière. En principe, ces pièces ne peuvent être utilisées que par les hommes. Néanmoins, les femmes stériles qui parviennent à y boire en trompant la vigilance des hommes retrouveraient leur fécondité.

Enfin, il faut signaler les types suivants :
• Petits vases à goulot pour servir le vin aux esprits qui veillent à l'harmonie sociale et à la protection du groupe (kopout) ;
• Poterie cultuelle (Figure 11) ;

Figure 11 : Poterie cultuelle (Indaar)

- Poupées appelées bnghso en langue Bedik, qui remplissent des fonctions similaires à celles des Bassari. Après les festivités, les pièces dites cultuelles sont nettoyées et gardées pour les prochaines fêtes annuelles. Ici, il y a lieu de s'intéresser à la durée de vie de ces poteries qui représentent incontestablement un patrimoine au sens large du terme.

Traditions céramiques bassari (Ba) et bedik (Be) du Sénégal oriental

Caractères généraux

- Le travail de la poterie reste une activité exclusivement féminine, depuis l'extraction de la matière première jusqu'aux produits finis et leurs distributions. Les hommes ne sont jamais associés à l'activité potière.
- L'exercice du métier ne découle pas d'une situation de sujet casté (les entités bassari et bedik sont, chacune, des sociétés égalitaires), contrairement aux autres groupes de la Sénégambie, de rang social inférieur, comme les griots, les forgerons, les cordonniers, etc.
- La fabrication de la poterie ne nécessite aucune installation particulière : ni tour, ni four, ce qui ne signifie nullement un vide technologique, mais s'explique par la qualité des argiles qui ne nécessite pas de telles infrastructures (Figure 12).

Figure 12 : Traditions céramiques bassari (Ba) et bekik (Be) du Sénégal oriental

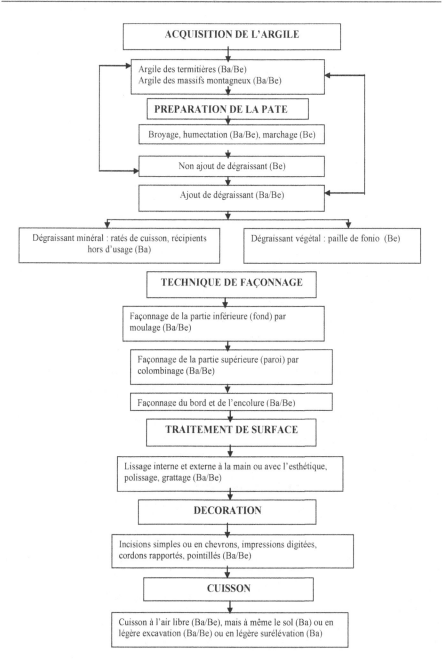

Aspects similaires

• La matière première provient soit des termitières, soit des massifs montagneux ;
• Les techniques de façonnage consistent en moulage du fond puis au colombinage ;
• Les techniques de séchage sont identiques en ce sens que les pièces sont exposées au Soleil ;
• L'aire de cuisson n'est pas un espace fixe ;
• Les techniques de décoration sont également similaires : pauvreté notoire des motifs des produits domestiques, mais un soin tout particulier est apporté aux objets cultuels ;
• Les produits finis consistent en production domestique et cultuelle. Cette dernière est, semble -t-il, la mieux représentée chez les Bedik.

Aspects discriminants

• La préparation de la pâte nécessite parfois un rajout ou non de dégraissant minéral (ratés de cuisson, récipients hors d'usage chez les Bassari) ou végétal (paille de fonio chez les Bedik d'Indaar, d'Ethouar et de Barafouti) ;
• Les techniques de cuisson présentent quelques nuances, notamment chez les Bassari d'Egath. Les ratés de cuisson sont jetés dans un lieu de rebut chez les Bedik et réutilisés comme dégraissants des futures fabrications chez les Bassari qui se servent du sédiment des massifs montagneux. Cependant, l'aire de cuisson est un endroit privé (Bassari) et commun (Bedik) ;
• Des interdits[12] sont perceptibles aux différentes étapes de la chaîne opératoire, mais les types varient parfois d'un groupe à l'autre ;
• L'arrêt de la production s'impose si un décès survient au sein de la communauté, sinon les pièces risqueraient d'être endommagées chez les deux groupes ;
• L'argile des termitières est recueillie par la potière bassari en évitant d'apporter avec elle des termites ; le cas échéant, le prélèvement constitue un interdit ;
• La cuisson des vases est interdite, chez les Bedik, en saison des pluies pour éviter la sécheresse et les épidémies ;
• Les femmes qui n'allaitent pas doivent recueillir l'argile (Bassari), ainsi que celles en état de ménopause (Bedik) ;
• Les femmes en état de menstruation sont exclues de l'activité potière chez les deux groupes.

Conclusion

L'étude menée dans le sud-est du Sénégal a ciblé la poterie des Bassari et des Bedik, groupes occupant actuellement une zone non encore fortement exposée aux influences modernes. En nous proposant de tester la pertinence d'une lecture ethnique de leurs productions en vue d'isoler des identités, il a été retenu que, de la naissance à la mort, la culture matérielle céramique sous-tend toutes les activités quotidiennes des entités sus-mentionnées : poteries médicinales et/ou religieuses, poteries domestiques, etc. De même, des interdits communs parfois aux deux groupes sont perceptibles aux différentes étapes de la fabrication des poteries, qui, du reste, est une activité réservée de nos jours aux femmes, du fait notamment des revenus modestes qu'elle procure.

Cependant, il est à noter, dans la chaîne opératoire céramique, des aspects discriminants qui rendent compte des éléments d'identification de chaque groupe, si minimes soient-ils. Mais, pensons-nous, pour cerner véritablement la question identitaire, dans une province de contact et de dispersion aussi vaste, il convient de préciser à quel moment les identités en question existent. L'approche, qui s'inscrit inéluctablement dans la longue durée, doit prendre en charge une lecture ethnique plus pointue de la poterie, combinée à d'autres données d'ordre matériel, social, voire culturel.

Notes

1. L'ethnoarchéologie s'intéresse aux vestiges matériels des sociétés vivantes. Elle s'applique à étudier les sociétés vivantes pour aider l'archéologue dans son utilisation des analogies ethnographiques (I. Hodder 1980:29).

2. Le village de Médina Boyni (qui signifie en pulaar : « la Cité des convertis ») en est une parfaite illustration d'après S. Niang, (1992:26).

3. Communication orale de Yaya Damiens Boubane, Bassari de Kédougou, mai 2006.

4. Le processus de mise en place des Bassari et Bedik dans leur secteur d'implantation actuelle est difficile à cerner. Ces populations (en plus des badyaranké) auraient vécu dans un village appelé Nandoumba, dont on a retrouvé le même toponyme en Guinée. L'enquête orale (S. Niang 1992:26, M. Thiam, mai 2006) renforce l'idée selon laquelle les Bassari seraient venus de l'orient.

5. Cette donnée empirique renforce l'idée selon laquelle, en l'absence du feu, on ne peut parler de poterie. En effet, le feu est au cœur même de la définition de la céramique, laquelle est définie comme un « terme générique dans laquelle interviennent à la fois l'eau, la terre et le feu » (J.M. Petit 1971:74).

6. Communication orale de Mme Bidyar, Kédougou, mai 2006.

7. En 1976, De Lestrange et Gessain, du C.R.A.M.H., s'étaient limitées à la collecte, à Egath, de deux grands pots à bière (anewa), de trois poupées (atokh), d'une pipe (Etyeba) et, à Ethyolo, d'un pot à bière (atyende) puis un pot à sauce (ingunindya), deux pièces conservées au C.R.D.S. de Saint-Louis. Une description sommaire avait été faite.

8. Toutes les termitières ne sont pas utilisables, car certaines présentent une faible plasticité, notent des potières de Barafouti qui s'en servent. Cependant, il est à noter que dans la mentalité populaire collective des Africains, les termitières sont perçues comme les demeures du diable, donc non exploitables (M. Thiam 1991 : 351).

9. Les cassures intéressent particulièrement les poteries volumineuses. Elles interviennent en fin de cuisson et sont dues à un séchage incomplet (Indaar), à une forte intensité du feu (Egath), ou à un excès de chaleur (Barafouti), à un décès au sein de la communauté (Indaar, Egath, Barafouti), notent les potières interrogées (M. Thiam 1991:387).

10. Sept est un adjectif numéral cardinal, invariable. Ce chiffre a une valeur symbolique : nombre de jours qu'il a fallu à Dieu pour créer le monde et se reposer, nombre de péchés capitaux, etc. Il symbolise également la virginité, la perfection, le sacré, le divin, la spiritualité, le rayonnement dans l'espace : haut / bas, droite / gauche, avant / arrière et centre. Dans le langage courant, chausser ses bottes de sept lieues signifie connaître une ascension sociale ou professionnelle fulgurante.

11. Les Bedik ne constituent pas un groupe homogène. Il existe deux sous-groupes : les Bedik banapaas qui peuplent Indaar, Ethouar et Barafouti et les Bedik bandé (Biwol) confinés à Iwol et dans les localités satellites. En tout état de cause, l'unité linguistique apparaît frappante, en témoigne l'exemple suivant : pour dire « le matin de bonne heure », les Bedik banapaas disent « *Koulkhoul poung* » et les Bedik bandé « *Koulkhoul kélèth* ».

12. Cet aspect fait l'objet d'une publication à paraître intitulée « L'imaginaire des potières dans l'espace sénégambien : un patrimoine immatériel ». De même, sous notre direction, des mémoires de maîtrise ayant trait à ces aspects sont soit soutenus soit en cours de rédaction.

Références bibliographiques

Balfet, H., *et al.*, 1983, *Pour la normalisation de la description des poteries*, Paris, CNRS.

Beart, C., 1947, « Sur les Bassari de Haute-Gambie », *Notes Africaines*, n° 35, pp.1- 8.

Belan, A., 1946, « Le pays Bassari (Cercle de Kédougou, Sénégal) », *Notes Africaines*, n° 31, pp. 13-14.

Bocoum, H., 1989, Rapport de mission de collecte de poteries dans la Préfecture de Kédougou, Région de Tambacounda, 15-24 mai.

Chataigner, A., 1963, « Les populations du Cercle de Kédougou », *Cahiers du CRA*, 1, *Bull. et Mém. Soc. Anthropol.*, Paris, 5, XI è série, pp. 87-111.

Citeau, J.P., et Engelhard-Bitrian, B., 1999, *Introduction à la psychosociologie. Concepts et Etudes de cas*, Paris, A. Colin.

Danfakha, M., 1972, *Kédougou, ville originale d'une région enclavée*, Mémoire de maîtrise, Département de Géographie, Université de Dakar.

Diop, B., 1995, « Survivances traditionnelles de l'activité potière dans l'espace sénégambien. La société artisanale », *Revue Sénégalaise d'Histoire*, [Nouvelle série], 1, pp. 25-45.

Diop B., 1998, « Les recherches céramologiques au Sénégal. La céramique de l'époque dite protohistorique », Actes du Colloque Cheikh Anta Diop et la Renaissance Africaine au seuil du 3è millénaire, 25 février-2 mars, Dakar.

Diop B., 2000, « Recherches ethnoarchéologiques sur la céramique au Sénégal, production artisanale et consommation domestique », in P. Benoît *et al.*, éds., Arts *du feu et Productions artisanales*, XX^{ès} Rencontres Internationales d'Archéologie et d'Histoire d'Antibes, Antibes, *A.P.D.C.A.*, pp. 261-285.

Diop, B., 2004, « Techniques de façonnage de la céramique et macrotraces. Approche ethnoarchéologique », *Revue Sénégalaise d'Histoire*, [Nouvelle série], 6, pp. 31-46.

Devisse, J., 1981, « Pour une histoire globale de la céramique africaine. Le sol, la parole et l'écrit », *Mélanges en hommage à R. Mauny*, *S.F.H.O..*, t. 1, pp. 179-203.

Echallier, J.C., 1984, « Eléments de technologie céramique et d'analyse des terres cuites archéologiques », *D.A.M.*, série Méthodes et Techniques, Vol.

Ferry, M-P., 1967, « Pour une histoire des Bedik », *Cahiers du CRA, 7, Bull. et Mém. Soc. Anthropol.*, Paris, 2, XIIe série, pp. 125-148.

Ferry, M-P., 1974, « Termes de parenté utilisés par les populations du Département de Kédougou (Sénégal oriental) », *Bull. IFAN*, t. 36, sér. B, n° 3, pp. 613-627.

Franchet, L., 1911, *Céramique primitive. Introduction à l'étude de la technologie*, Paris, Geuthner.

Gessain, M., 1963, « Introduction à l'étude du Sénégal-Oriental (Cercle de Kédougou) », *Cahiers du CRA, 1, Bull. et Mém. Soc. Anthropol.*, Paris, 5, XIe sér., pp. 5-85.

Gessain, M., 1967, « Les migrations des Coniagui et Bassari », *Mém. de la Soc. des Africanistes.*

Gessain, M., 1981, *Un village de la savane sud-soudanienne. Etyolo en pays Bassari*, Doc. Centre de Recherches Anthropologiques du Musée de l'Homme, n°4, 121.

Gessain, M., 1982, « Démographie historique des Bassari (Sénégal oriental). L'évolution du mariage », *L'Anthropologie*, n°4, pp. 627-650.

Gessain, M., 2003, *Bassari (Guinée et Sénégal). 1927-2002*, Paris, Sépia.

Gelbert, A., 2003, *Traditions céramiques et emprunts techniques : études ethnoarchéologiques dans les Haute et Moyenne vallées du fleuve Sénégal* (avec CD- Rom), Paris, éd. Maison des Sciences de l'Homme-Epithèmes.

Gessain, M., 2002, « Âge et classe d'âge chez les Bassari du Sénégal oriental », *Bull. et Mém. Anthrop*, Paris, t. 14, fasc. 1-2.

Gessain, M., Lestrange M. T. de, 1980, « Tenda, Badyanranké, Bassari, Bédik, Boin, Koniagui », *Mém. de la Soc. des Africanistes.*

Girard, J., 1984, *Les Bassari du Sénégal. Fils du Caméléon. Dynamique d'une culture troglodytique*, Paris, L'Harmattan.

Gromila, J., Ferry M-P., 1966, « Notes sur l'ethnographie des Bedik (Sénégal-Oriental) », *Journ. Soc. Africanistes*, t. 36, pp. 209-249.

Guèye, N.S., 1998, *Poterie et peuplement de la moyenne vallée du fleuve Sénégal du XIe au XXe siècle : approche ethnoarchéologique, archéologique et ethnohistorique*, Thèse de doctorat, Département d'Ethnologie et de Sociologie comparative, Univ. Paris X-Nanterre, 2 vols.

Guèye, N.S., 2002, « Ethnoarchéologie, Ethnohistoire et interprétation des poteries de la moyenne vallée du fleuve Sénégal du XVe au XXe siècle », *Nyame Akuma*, 57, pp. 21-32.

Guèye, N.S., 2003, « Poteries et mode de vie des populations de la moyenne vallée du fleuve Sénégal : une vision ethnoarchéologique », in Constellation, Hommage à Alain Gallay, Lausanne, *Cahiers d'archéologie romande*, 95, pp. 393- 344.

Guèye, N.S., 2006, « La poterie de la moyenne vallée du Sénégal aux XVIe-XXe siècle : ethnoarchéologie comparée et reconstitution historique », in C. Descamps et A. Camara, *Senegalia, Etudes sur le patrimoine ouest-africain*. Hommage à Guy Thilmans, éd. Paris, Sépia, pp. 75-89.

Hodder, I., 1980, « Ethnoarchéologie : une approche contextuelle », *Nouvelles de l'Archéologie*, 3, pp. 24-29.

Lestrange, M. T. de, 1947, « A propos d'une terre cuite Bassari », *Notes Africaines*, 36, pp. 4-5.

Lestrange, M. T. de, 1952, « A propos de petites poteries : petites poteries percées de devins Coniagui et Bassari », *Notes Africaines*, 53, pp. 48-49.

Lestrange, M. T. de, Gessain, M., 1976, Collections Bassari du Musée de l'Homme, du Département d'Anthropologie de l'Université de Montréal, Canada, du Musée de l'IFAN, à Dakar et du CRDS à Saint-Louis, Sénégal, Catalogue du Musée de l'Homme, sér. C, Afrique noire, II, Suppl. au t. XV, 4, d'Objets et Mondes, *Revue du Musée de l'Homme*.

Maupoil, B., 1954, « Notes concernant l'histoire des Coniagui - Bassari et en particulier l'occupation de leur pays par les Français », *Bull. IFAN*, B, t.16, 3-4, pp. 378-389.

Muchielli, A., 1994, *L'Identité, Que sais-je ?* 2288, 3ᵉ éd., Paris, p. PUF.

Neveux, Dr., 1909, « Sur les Bassari », *Bull. et Mém. Soc. Anthropol.*, Paris, Vᵉ sér., pp. 35-36.

Niang, S., 1992, *Recherches ethnographiques chez les populations Bassari du Sénégal oriental*, Mémoire de maîtrise, Département d'Histoire, Université de Dakar.

Petit, J-M., 1971, « Colloque sur le vocabulaire technique céramique en archéologie », *Annales du Labo. de Recherche des Musées de France*, t. 1, pp. 74-79.

Picon, M., 1979, « Archéologie et archéométrie », *Nouvelles de l'Archéologie*, n° 1, pp. 37-45.

Sall, M., 1999, « Ethnicité, identité ethnique et production céramique chez les Sereer du Sénégal », *Nyame Akuma*, 52, pp. 58-63.

Tardif J., 1965, « Kédougou : aspects de l'histoire et de la situation socio-économique actuelle », *Cahiers du CRA, 4, Bull. et Mém. Soc. Anthropol.*, Paris, 8, XIᵉ sér., pp. 167-230.

Thiam, M., 1987, *La céramique au Sénégal : bilan des travaux et programme de recherche*, mém. de DEA, Univ. Paris I, Panthéon-Sorbonne.

Thiam, M., 1991, *La céramique au Sénégal : archéologie et histoire*, Thèse de doctorat, Univ. Paris I, Panthéon-Sorbonne.

Thiam, M., 2004, « Etat des connaissances sur les études céramologiques en Sénégambie », *Revue Sénégalaise de Germanistique*, AMO, n° 4, pp. 135-155.

Thiam, M., 2004, *La céramique dans l'espace sénégambien*, Site du Bureau Afrique de l'Ouest de l'Agence Universitaire de la Francophonie : Histoire de l'Afrique de l'Ouest (http : www.histoire-afrique.org).

5

De la physique à la culture : chronologie absolue et ethnogenèse en Sénégambie

Maurice Ndeye

Introduction

La méthode de datation par le carbone 14 est l'une des méthodes utilisées souvent en archéologie, surtout face à l'absence d'archives historiques et de typologies de référence du matériel archéologique (lithique, céramique) récolté dans les sites .Elle peut permettre ainsi, dans le cadre de l'étude de l'ethnogenèse, de déterminer l'origine de certaines entités ou de corroborer l'antériorité de certaines identités culturelles. Cependant, si cette méthode physico-chimique constitue une approche scientifique fiable, il n'en demeure pas moins qu'elle suscite certaines controverses quant à la relation qui devrait exister entre les dates carbone 14 obtenues et les faits historiques à déterminer.

Dans cette étude préliminaire, nous tenterons de donner un bref aperçu sur la méthode avant d'évaluer le rôle de la datation carbone 14 dans l'ethnogenèse de certains sites sénégambiens. Cette analyse nous permettra de soulever certains problèmes, de voir les limites de la méthode face à cette étude particulière. Un regard critique sera porté sur l'utilisation de la méthode carbone 14. Les études de cas permettront d'illustrer de manière concrète les problèmes liés à cette approche.

Aperçu sur la méthode de datation par le carbone 14

La formation du carbone 14 est le résultat de l'interaction des neutrons secondaires de l'atmosphère et de l'azote de l'air. Ce carbone 14 est radioactif, donc se désintègre spontanément. Cette désintégration se fait selon une période de 5 730 ans. L'équilibre radioactif est atteint à une valeur de 13.5 ± 0.07 de désintégration par minute. Les autres isotopes de carbone C12, C13 représentent respectivement 98.89 pour cent et 1.109 pour cent.

Les atomes de C14 créés se brassent très rapidement avec l'oxygène pour donner le $CO2$ qui est assimilé par les plantes au cours de la photosynthèse, mais aussi par le règne animal. A la mort de ces organismes, tout échange avec l'atmosphère cesse et le carbone 14 présent dans le fossile se désintègre selon une loi exponentielle. Le rapport de l'activité avant la mort de l'organisme (charbons, bois, coquilles ou os) et de son activité résiduelle d'origine biologique permet de calculer le temps écoulé depuis la mort jusqu'au moment de la mesure : c'est l'âge radiocarbone de l'échantillon. Ces âges carbone 14 sont corrigés du fractionnement isotopique et exprimés en BP (Before Present). L'année BP de référence est celle de 1950. Dans les calculs et pour des raisons d'uniformisation, la période de 5 568 ans a été conservée (Godwin 1962), bien que la valeur 5 730 ans soit plus précise.

Cette technique a été appliquée pour la première fois par un Américain du nom de Frank Willard LIBBY (1949), qui mesurait l'activité d'un carbone solide dans un compteur approprié qui porte son nom.

Les problèmes de la méthode carbone 14

Si l'ethnogenèse est vue sous l'angle de l'apparition successive des identités culturelles ou de la formation de groupes ethniques, son étude sur la base de culture matérielle correspondrait à l'analyse de l'évolution chronologique des sites archéologiques. Ainsi, on peut relever principalement deux types de problèmes dans l'utilisation du carbone 14 comme outil de datation, qui sont liés à la nature de la méthode elle-même et au type de matériau à dater.

Problèmes liés à la nature de la méthode

Le carbone 14 est une méthode physico–chimique qui permet d'approcher au plus prés l'âge du matériau. Cependant, elle dépend d'hypothèses trop simplistes et ne peut prendre en compte la totalité des phénomènes mis en jeu. On ne peut donc prétendre obtenir des âges absolus, car il est bien reconnu que les âges C14 présentent une dérive importante par rapport aux âges réels à partir de 2000BP.

Pour convertir une mesure de teneur en carbone 14 en âge conventionnel, il faut s'assurer de certains préalables. Ainsi, la matière à dater est supposée avoir été en équilibre isotopique avec le dioxyde de carbone de l'atmosphère. Par conséquent, la teneur en carbone 14 de l'échantillon est la même que celle de l'atmosphère contemporaine à sa formation. Le matériel en question est supposé avoir incorporé soit directement du dioxyde de carbone (cas des plantes) ou indirectement (cas des animaux puisqu'ils mangent les plantes). La teneur en carbone 14 de l'atmosphère est supposée avoir été constante. Cette hypothèse avait été faite pour donner une échelle des temps C14, qui s'ajuste le mieux à celles des temps calendaires. Cependant, avec les études de De Vires, il est connu maintenant que la teneur en carbone 14 est variable au cours du temps. La quantification de ces variations sur la base des séries dendrochronologiques permet de faire la calibration. En mesurant l'activité carbone 14 des cernes de croissance des arbres, il devient possible de retrouver l'activité C14 de l'atmosphère tout au long de cette série. On dispose ainsi d'une calibration fiable remontant à prés de 11 400 ans, pour laquelle l'activité a été mesurée tous les 10 ou 20 ans.

Problèmes liés au type de matériau à dater

Afin de s'assurer de la fiabilité des données chronologiques et de donner ainsi une interprétation, le terme utilisé est l'événement radiocarbone. Il est défini comme étant le point de départ de l'horloge (la mort de l'organisme) radiocarbone.

La matière est séparée de son réservoir d'où il tire son carbone 14. Cependant, il arrive que plusieurs tissus puissent être isolés avant la mort de l'individu et ne puissent donc représenter l'événement correspondant à la mort de l'organisme. Les événements radiocarbones sont de durée variable, un arbre peut représenter un événement radiocarbone de plusieurs siècles tandis qu'une jeune branche ayant servi à la fabrication d'un arc aura un événement de durée plus courte.

Par ailleurs, un échantillon peut représenter plusieurs événements. Ainsi, une carotte sédimentaire peut contenir plusieurs carbones provenant de processus différents, ce qui correspondrait à différents événements radiocarbones pour une seule lamelle. En d'autres termes, la précision de la mesure physique et l'établissement de chronologie précis, comparable à la plupart des typologies usuelles telles que les monnaies et céramiques, impliquent que le matériau daté respecte parfaitement les conditions de système ouvert et fermé, défini comme les deux états de l'échantillon.

De façon schématique, il est dit qu'un système est ouvert lorsqu'il n'est plus en contact avec le réservoir auquel il interagit. Par exemple, avant la formation d'un mollusque, on peut dire qu'il est en système ouvert, mais lorsqu'il y a cristallisation et qu'il cesse d'interagir avec le réservoir environnant, il est alors fermé. Le choix d'un échantillon correspondant à un événement radiocarbone devient essentiel pour une meilleure connexion avec l'événement humain et l'échelle des temps radiocarbones.

Regard critique sur l'utilisation de la méthode carbone 14

On peut évaluer l'application de la méthode du carbone 14 à un problème archéologique en suivant deux types de considérations :

Considérations générales

L'événement archéologique ou humain intéressant doit être bien précisé afin qu'une bonne estimation de la précision de la mesure soit faite, car les événements archéologiques peuvent être différents. Un événement passé peut correspondre à une action de courte durée telles une inhumation, une éruption volcanique, une fabrication d'un outil. Il peut être de longue durée, par exemple la période de dépôt d'une couche dans un site ou celle d'occupation d'un site.

Information fournie par la date carbone 14

En quoi la corrélation entre les âges radiocarbones et les âges réels peut-elle influencer l'interprétation archéologique ? L'échelle des temps radiocarbones ne convient pas en général dans l'étude chronologique des événements. La datation par le radiocarbone peut ne pas donner une précision suffisante pour corréler un événement d'âge inconnu à un évènement historique. En effet, il s'agit de donner des âges relatifs à des événements de courte durée comme les périodes d'occupation des différentes maisons d'un village.

Définition de l'événement radiocarbone de chaque matériel

Pour mieux déterminer l'événement radiocarbone de chaque matériel, une différentiation du matériel souvent utilisé par les archéologues est nécessaire.

Les deux types d'échantillons les plus utilisés sont le bois ou le charbon de bois, qui sont fiables du point de vue de la méthode carbone 14, car le dioxyde de carbone incorporé provient directement de l'atmosphère. Chaque cerne peut représenter un événement radiocarbone, car, après sa formation, il reste isolé de l'atmosphère. L'arbre peut donc représenter un événement de longue durée composé d'événements de courtes durées. L'événement radiocarbone est directement lié à la croissance de l'arbre et indirectement à l'utilisation ultérieure par des humains (fabrication d'un arc, d'un banc, etc.). Le brûlage du bois pour faire une cuisson est aussi indirectement lié à l'événement correspondant à la formation des cernes.

Les ossements et les coquilles sont également des échantillons utilisés dans la datation. L'os est composé de deux parties essentielles : une partie organique (collagène) et une partie minérale (hydroxyle - apatite calcique). Dans le régime alimentaire de l'animal, le carbone contenu dans ces deux parties ne provient pas de la même source de carbone. Par des difficultés liées à la formation de l'os, la durée de l'événcment dépend de l'animal, de même que les ossements d'un agneau sacrifié lors d'une inhumation sont plus liés à celle-ci qu'aux os de l'homme lui-même. Ici, l'événement radiocarbone est nettement plus court que celui d'un être humain.

Quant à la coquille, elle provient des bicarbonates de l'eau dans laquelle l'animal vit ; par conséquent, l'événement radiocarbone dépend de la durée de vie de l'organisme marin.

Il existe d'autres matériaux tels que les poils, les graines isolées ou les fils de vêtements qui sont datables par le radiocarbone malgré leur poids et qui ont des événements radiocarbones étroitement liés à des événements humains.

Cependant, l'événement radiocarbone devient difficile à interpréter lorsque des contaminations affectent le matériel par les échanges avec le milieu dans lequel le matériel est prélevé. La corrélation avec un événement humain est alors caduque.

Relation entre événement carbone 14 et événement humain

Pour illustrer l'association de ces deux événements, quelques exemples s'avèrent nécessaires.

Une branche ayant servi à fabriquer une flèche aura un événement radiocarbone et un événement humain très proches dans le temps, de même que le charbon de bois provenant de la combustion d'une jeune branche utilisée pour la cuisson d'un repas. En revanche, une poutre de chêne employée pour la construction d'un bâtiment peut avoir un événement radiocarbone séparé de plusieurs siècles de l'événement humain que représente la construction. La présence de charbons dans un site ne traduit pas forcément une activité humaine, mais pourrait correspondre à un ancien incendie naturel.

D'autres matériaux comme les ossements, les coquilles, les graines et les cheveux s'associent de manière cohérente en général à un événement humain.

Les conditions d'un âge C14 conventionnel à remplir par le matériel à partir duquel l'événement archéologique a été défini.

Pour remplir les conditions d'un âge carbone 14, il faut que le matériel à dater ait absorbé du dioxyde de carbone contemporain à sa formation. Les charbons, le bois, les graines et autres respectent ces conditions. En outre, il se pose des problèmes pour les coquilles et les ossements, car leur CO_2 n'est pas prélevé directement de l'atmosphère.

Pour la coquille marine qui prend son CO_2 dans l'océan, les circulations océaniques se font pendant des siècles et le temps de transit du carbone de l'océan vers l'atmosphère peut être de plusieurs siècles, d'où la nécessité d'effectuer une correction, connue sous le nom d'effet réservoir. L'âge réservoir a tendance à vieillir certains échantillons marins telles que les coquilles. La non prise en compte de cet effet pourrait affecter l'âge radiocarbone de façon considérable. Ainsi, sur un même niveau anthropique, l'âge du charbon pourrait être très différent de celui de la coquille et cette différence varierait en fonction du temps et de l'espace.

Pour la détermination de l'âge C14 des ossements humains, une double considération est à faire, car l'homme tire son CO_2 des deux réservoirs que sont la mer et la terre. Il faut donc estimer les contributions de ces réservoirs pour mieux corriger les âges.

Il existe maintenant des courbes de calibration qui tiennent compte de ces corrections et permettent de mieux approcher les âges radiocarbones.

Stratégie de terrain pour obtenir des matériaux

Il existe beaucoup de dates carbone 14 qui après analyse, se révèlent aberrantes, et cela est dû en général à plusieurs types de problèmes rencontrés lors des fouilles archéologiques. Il en est de même des sites dans les pays du sahel qui sont confrontés à l'érosion aidant. En Afrique de l'Ouest, les méthodes physico-chimiques sont indispensables dès les périodes antérieures à quelques siècles. Cependant, les conditions de prélèvement des échantillons sont beaucoup moins favorables.

L'absence en général de contexte stratigraphique rend toute étude chronologique délicate. Malgré l'existence de diagnostic pour évaluer le matériel archéologique, les difficultés liées à la déflation éolienne ne permettent pas d'identifier l'évolution dans l'occupation de grands sites de surface. Pour caractériser les différentes évolutions de la culture matérielle, il faut donc trouver des sites stratifiés. Pour établir une chronologie, il est important de pouvoir dater des vestiges qui sont de façon incontestable le produit d'occupation ou d'activités humaines. Ces perturbations responsables des migrations et des contaminations nécessitent une vision claire de tous ces processus.

Pour que l'événement humain puisse être bien corrélé à l'événement radiocarbone, il faut que le matériel résiduel soit différencié de celui qui est intrusif.

Analyse des dates radiocarbones

Les dates radiocarbones sont toujours exprimées en BP ; ce sont des âges conventionnels qui ont pour année de référence 1950, d'où la nécessité de les convertir en âges réels par la calibration. Cette dernière permet de convertir un âge radiocarbone en un âge historique. Il existe donc deux échelles des temps BP et Cal BP qui sont reliés à une courbe de calibration obtenue par la mesure du radiocarbone d'âge connu.

L'une des courbes fiables souvent utilisée est la dendrochronologie. Durant toute la période de l'holocène (jusqu'à 11 400 ans), on note une coïncidence entre les âges radiocarbones et les âges réels, mais au-delà on a une dérive des âges. Il faut aussi souligner que pour certaines périodes pouvant couvrir plusieurs siècles, l'activité des cernes d'arbres fossiles reste constante et donne l'existence des « âges plateau ». Les plus célèbres, connus sous le nom de « désastre de Hallstatt », se situent pendant l'âge du fer (2400CalBP-2700CalBP).

Il existe plusieurs courbes de calibration qui dépendent de la nature du matériau utilisé, mais aussi de l'environnement dans lequel l'échantillon a été prélevé.

Analyse statistique

L'intérêt de l'analyse statistique est d'arriver à convertir l'âge radiocarbone en âge réel ou en âge calendaire. Les âges exprimés en BP, bien qu'ils soient obtenus après un comptage statistique, permettent d'avoir un âge et l'erreur correspondant. D'une façon générale, cette conversion se fait et le résultat se présente toujours sous forme d'intervalle et ne peut donc être satisfaisant pour la compréhension des problèmes. En outre, les courbes de calibration ne sont pas toujours stables. Malgré les gros efforts faits avec l'utilisation des programmes de calibration, les dates sont données avec des erreurs qui restent parfois assez considérables et qui ne simplifient pas les interprétations.

Etudes de cas

La Moyenne vallée du fleuve Sénégal

Dans cette partie, nous examinons les dates obtenues par la méthode carbone 14 dans quelques sites de la Moyenne vallée du fleuve Sénégal (nord du Sénégal, figure 1).

Exemple de Tiehel (site de Guédé)

B. Chavane (1977:70) donne deux dates sur les charbons prélevés dans le site de Thiehel, situé à quelques Km du village de Guédé.

- MC 2049 : 120+-60 BP avec un âge calibré de 1830 après J.C (AD) à 18 cm de profondeur (sondage 1) ;
- MC 2050 : 540+-80 BP avec un âge calibré de 1500 après J.C (AD) à 30 cm de profondeur (sondage 2).

Ces résultats ont permis à l'auteur de confirmer le caractère récent du site dont la création pourrait être attribuée à la dynastie Lam Toro. L'auteur conclut également que le matériel issu de la fouille pourrait provenir d'une occupation sérère. Cependant, ces dates soulèvent un certain nombre de problèmes. En effet, les marges d'erreurs sont très élevées. Les dates sont isolées et il est donc impossible de vérifier leurs exactitudes. Il n'existe, par ailleurs, pas d'information sur l'antériorité ou la postériorité des entités culturelles qui auraient vécu sur ce site. Les âges sont non calibrés (avec une absence de mention des courbes de calibration utilisées). Il faut en outre souligner que la calibration a été faite par la méthode des moyennes arithmétiques, qui a beaucoup de limites.

Figure 1 : Quelques sites étudiés dans la Moyenne vallée du Fleuve Sénégal (Chavane, 1985)

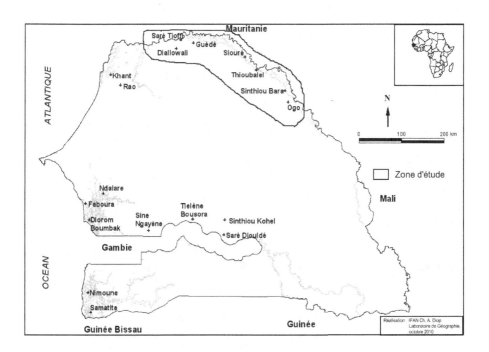

Exemple de Thioubalel

B. Chavane (1977:71) publie les deux dates sur les charbons provenant d'un site de
Thioubalel :

* Ly 2049 : 1170+-90 BP, soit 870 après J.C. (AD), à 117 cm de profondeur ;
* Ly 2048 : 1960 +-400BP soit 10 avant J.C (BC), à 53 cm de profondeur.

Même si ces résultats restent à être complétés pour une interprétation future, il faut
remarquer que ces dates ont été proposées avec des marges d'erreurs assez élevées
(400BP).Une incohérence des dates par rapport aux niveaux stratigraphiques est à
noter. En effet, la plus ancienne a été obtenue dans les niveaux supérieurs et celle
récente dans les niveaux inférieurs. En plus de leur nature isolée, il n'existe aucune
information sur les courbes de calibration utilisées (Bocoum et Mcintosh 2000:89-
91). Les dates sur des charbons donnent 667-990 AD à une profondeur de 0.8m et
celles de 670-894 AD à une profondeur de 1.2 m.

Exemple de Sinthiou Bara

G. Thilmans, A. Ravisé (1980: 87) ont donné en annexe les huit résultats suivants
des dates carbones 14 sur des charbons :

* Ly 1743 : 1460+-220 BP, soit 490 (AD), à 96 cm de profondeur ;
* Ly 1744 : 1090+-160 BP, soit 860 (AD), à 134 cm de profondeur ;
* Ly 1742 : 970+-150 BP, soit 980 (AD), à 160 cm de profondeur ;
* Ly 1745 : 1550+-140 BP, soit 400 (AD), à 165 cm de profondeur ;
* Ly 1741 : 1470+-260 BP, soit 480 (AD), à 205 cm de profondeur ;
* Dak-192 : 900+-110 BP, soit 1050(AD), à 225 cm de profondeur ;
* Gif-4522 : 920+-80 BP, soit 1030 (AD), à 225 cm de profondeur ;
* Dak-155: 1363+-120BP, soit 590 (AD), à 270 cm de profondeur.

Après une analyse statistique, les auteurs en conclurent que l'ensemble des dates se
situe dans la seconde moitié du premier millénaire de notre époque. Les auteurs
rajoutent que « vers le Ve siècle de notre siècle, un groupe humain s'est établi dans la
région de Sintiou Bara occupée ultérieurement par les utilisateurs d'un outillage
néolithique » (G. Thilmans, A. Ravisé (1980:77). Selon eux, les dates constituent un
continuum en valeurs non calibrées qui s'étend du Ve au XIe siècle de notre ère.

Cependant, ces résultats soulèvent un certain nombre de problèmes :

* Toutes les dates ont été obtenues avec, au moins, une erreur standard de 100 BP,
ce qui n'est plus acceptable ;
* Il y a une discontinuité des dates en fonction de la profondeur, ce qui est contraire au fondement de la méthode ;
* Les dates ne varient pas en fonction de la profondeur ;
* Absence de calibration ; ainsi la question essentielle qui se pose est comment
avec des valeurs non calibrées peut-on définir un continuum ?

Site de Ogo

B. Chavane (1977:90) a prélevé des échantillons de charbon à des niveaux de profondeur différents dans les sondages OS1 et OS4 du site de Ogo. Les dates proposées sont les suivantes :

- Gif-4529 : 910+- 90 BP, soit environ 1040 après J.C., à 0,55 m de profondeur ;
- Gif-4530 : 1020+- 90 BP, soit environ 930 après J.C., à 2.85 m de profondeur ;
- Gif-5114 : 940+- 90 BP, soit environ 1010 après J.C., entre 50 cm et 60 cm de profondeur ;
- Ly-2034 : 790+- 100 BP, soit environ 1160 après J.C., à 0.6 m de profondeur.

A la suite de l'examen de l'ensemble des résultats, l'auteur conclut que la couche archéologique de profondeur comprise entre 0.5 m et 0.6 m représente une durée d'occupation d'environ trois siècles, plus précisément du début du Xe siècle à la fin du XIIe siècle de notre ère.

Cependant, Chavane a tiré des conclusions qui ne tiennent pas compte des limites suivantes :

- Il n'y a pas de relation claire entre l'association et le contexte ;
- La marge d'erreurs reste élevée ;
- Les dates ne sont pas calibrées ;
- En outre, il propose une interprétation simpliste des différences entre les âges Ly-2034 et Gif-4529 en affirmant que « l'âge sur le charbon de bois donne l'âge du matériau originaire et non celui de la combustion ».

La Basse Casamance

La seule étude connue sur l'arrivée des groupes ethniques diolas en Basse Casamance a été faite par De Sapir en 1971. Cette étude a été faite sur la base des dates carbones 14 sur des coquilles marines. Par ailleurs, l'exploitation des tessons des amas coquilliers de la Casamance a permis de montrer que les actuelles populations de Joola seraient venues se superposer sur d'anciennes couches d'agriculteurs. Cette assertion rencontre deux types de problèmes liés à l'évaluation de l'effet réservoir et de sa variation qui sont tributaires des remontées d'eaux froides vers les surfaces. Ils peuvent être des facteurs importants dans la calibration des âges.

En fait, le brassage entre les différentes masses d'eau entraîne un appauvrissement en carbone 14. Les organismes qui y vivent et dont la source est le CTI D (Carbone Total Inorganique Dissous) marin présentent le même déficit et, par conséquent, un âge apparent trop ancien. Des modèles d'échanges atmosphères /eaux marines ont été proposés (Stuiver and Brazuinas 1993) pour les eaux de surface (0-75 m) et ont montré, à partir des coquilles d'âges connus, un vieillissement apparent de 400 ans. Ce décalage, appelé effet réservoir, est source de beaucoup de malentendus entre les spécialistes et utilisateurs de datations carbone 14.

Cet effet réservoir de - 400 ans est pratiquement compensé par la normalisation au fractionnement isotopique initial de + 400 ans, ce qui explique que beaucoup de laboratoires, jusqu'aux périodes récentes publiaient les âges bruts sans aucune correction. Tant que l'on se contente d'une chronologie C14, cette approximation est légitime, mais dés que l'on cherche à confronter ces âges avec les chronologies archéologiques via les calibrations, elle devient trop grossière.

En effet, cet effet réservoir moyen de R= 400 ans est lié à la circulation océanique qui n'est pas uniforme. Dans les zones d'upwelling, en particulier, les remontées d'eaux profondes entraînent un effet réservoir plus important. A l'inverse, dans les bassins tels que les lagons du Pacifique, l'état d'équilibre CO_2-CTID est presque réalisé. Cet écart par rapport au R mondial est donné sous le terme "R. Les dates des coquilles marines mais également celles réalisées à partir du collagène des êtres vivants (si leur alimentation est dépendante des ressources marines) doivent être corrigées de l'effet réservoir.

Aucune recherche concernant l'effet réservoir sur cette zone n'avait été faite, en particulier sur les côtes sénégalaises. De récentes études (Ndeye 2008:281–288) ont montré que l'effet réservoir moderne calculé sur les mollusques pré-bombes (prélevée avant 1950) est de 511+- 50 BP et que sa variation au cours du temps "R = 163 +- 15 BP prouve la nécessité de déterminer ce paramètre si l'on veut calibrer ces âges carbones 14. On peut faire un certain nombre de remarques sur les dates radiocarbone faites par De Sapir (1971), en particulier sur celles faites sur les coquilles :

• Une absence d'indice montrant que les corrections de fractionnement isotopique ont été faites ;
• Une absence de la prise en compte de l'âge réservoir et de sa variation.

Plusieurs dates carbone 14 ont été rejetées sur la base unique de leur déviation par rapport à la chronologie C14, ce qui rend les conversions en âge réel difficile à interpréter. Des comparaisons entre les dates sur les échantillons de charbon et de coquilles n'ont de sens que lorsqu'on aura évalué l'âge réservoir sur les coquilles.

Les phases d'occupation des sites peuvent effectivement changer si l'on tient compte de ces corrections en faisant la comparaison entre les échantillons terrestres et marins appartenant à un même niveau anthropique. Cela peut permettre le calcul de l'âge réservoir ancien correspondant aux dates des coquilles. Ainsi, les phases du point de vue de la méthode de datation seraient plus acceptables.

Une comparaison entre les séquences obtenues sur les sites de la Casamance et d'autres sites du Sénégal sur la base des dates carbone 14 des coquilles est presque impossible tant que ces paramètres ne sont pas déterminés ou évalués correctement.

Le second problème est lié à la nature même des âges calibrés, car ils sont calculés par une méthode probabiliste, c'est-à-dire des intervalles pour lesquelles les âges pourraient être situés. On ne peut donc donner avec certitude les âges, a fortiori différencier les groupes ethniques de façon systématique.

Conclusion

La méthode de datation par le carbone 14 a permis aux archéologues de disposer d'un outil qui leur permet de donner des âges aux civilisations et ainsi de restituer dans le temps les civilisations les unes après les autres. Cependant, des difficultés se posent souvent dans l'interprétation du fait culturel en relation avec la date radiocarbone.

Le contenu des dates carbone 14 devient ainsi très important et peut être de deux ordres : contenus d'ordre physico-chimique et archéologique. Un regard critique de cette méthode est nécessaire pour une meilleure appréciation des faits. Une étude plus raffinée prenant en compte beaucoup de paramètres montre en général les limites de certaines interprétations supposées acquises.

L'ethnogenèse pose particulièrement un problème d'une grande importance du point de vue de l'archéologie, en même temps qu'elle soulève certaines limites de la méthode carbone 14. Eu égard aux considérations générales sur la méthode et sur le matériau à dater, il est nécessaire, pour une application réussie de la méthode, d'examiner ses exigences complexes pour que les conditions de base de la méthode soient satisfaites.

Certaines de ces exigences sont de la seule responsabilité des laboratoires de radiocarbone, d'autres ne le sont pas et elles doivent être clairement évaluées par les archéologues utilisateurs de ces dates. Pour obtenir des informations chronologiques fiables, l'archéologue doit bien spécifier les questions qui l'intéressent. Un échantillonnage exhaustif et cohérent permettrait de faire une bonne calibration et une statistique des dates pour une meilleure chronologie.

Références bibliographiques

Bard,E. *et al.*, 1980, ´Calibration of the C14 timescale over the 30000 years using mass spectrometer U-Th from Barbados corals´, *Nature*, 345, pp. 405-409.

Bocoum, H. and Mcintosh , S.K., 2002, *Excavations at Sintiu-Bara, Middle Valley (Senegal)*. Nouakchott-Dakar: CRIAA-Université de Nouakchott, IFAN/Cheikh Anta Diop.

Laj, C., *et al.*, 1996, ´Geomagnetic intensity and 14C abundance in the atmosphere and ocean during the past 50 kyr´, *Geophysical research letters*, Vol. 23, N° 16, pp. 2045-2048.

Commelin, D., *et al.*, 1993, *Nouvelles données sur la chronologie du Néolithique au Sahara malien*, Paris, C.R.Acad.Sci. t.317, Série II, pp. 543-550.

De Sapir, O.L., 1969, « Diola pottery of the Fogny and the Kasa´, *Expedition* 11, pp. 2-11.

De Sapir, O.L., 1971, ´Shell middens of Lower Casamance and problems of Diola Protohistory´, *West African journal of Archaeology*, 1, pp. 23-54.

Durand, A., *et al.*, 1996, « Chronologie et méthode de datation par le carbone 14 », Bernus E. *et al.*, in *La vallée de l'Azawagh (Sahara du Niger), Etudes Nigériennes*, N° 57, pp. 33-70.

Fontugne, M., *et al.*, 2004, ´Radiocarbon reservoir age variations in the south peruvian upwelling during the Holocene´, *Radiocarbon*, Vol. 46, N° 2, pp. 531-537.

Fontugne, M., 1996, « Les progrès de la datation par le carbone 14 », *Archeologia*, N° 323, pp. 26-33.

Ndeye, M., 2008, 'Marine reservoir ages in northern Senegal and Mauritania ages coastal waters', *Radiocarbon*, Vol. 50, Nr 2, 2008, pp. 281-288.

Roth, E., et Poty, B., 1985, *Méthodes de datation par les phénomènes nucléaires naturels : Applications*, Paris, éd. Masson, pp. 421-458.

Saliège, J.F., *et al.*, 2005, « Estimation de l'effet Réservoir 14C marin en mer d'Arabie », *Paléorient*, Vol. 31/1, pp. 64-69.

Senasson, D., *et al.*, 1998, *Les isotopes du carbone pour la caractérisation et la datation des céramiques archéologiques. L'exemple de la céramique cannelée de Sinthiou-Bara (Moyenne vallée du fleuve Sénégal)*, in *Mémoires de la société française*, Actes du colloque « C14 archéologie », Tome XXVI, pp. 45-50.

Stuiver, M., et Reimer, P.J., 1993, 'Extended 14C data base and revised cailb3.0 14C age calibration program', *Radiocarbon*, 35, 1, pp. 215-230.

Stuiver, M., et Polach, H., 1977, 'Reporting of 14 C data', *Radiocarbon*, Vol.19, N° 3, pp. 355-363.

Thilmans, G., Ravisé, A., 1980, *Protohistoire du Sénégal : Sinthiou-Bara et les sites du fleuve*, Dakar, IFAN.

Vanstrydonck, M., *et al.*, 19998, *Qu'est-ce qu'il y a dans une date C14*, (Traduction par J. Evin), in *Mémoires de la société française*, Actes du colloque « C14 archéologie », Tome XXVI, pp. 433-4483.